できる大人の「見た目」と「話し方」

佐藤綾子

Discover

★本書は『図解 できる人・好かれる人になる「見た目」と「話し方」のコツ34』(2015年12月小社刊・コンビニエンスストア限定発売)に、大幅な加筆・再編集し、ハンディ版にしたものです。

できる大人の「見た目」と「話し方」

経歴優秀 !!!
りれきしょ
市田一郎
学歴
T大学卒
資格
簿記検定1級
バーン!!
熱烈
説明 !!!
話す内容が
完ぺきでも
転職できないのは
なぜ？！
転職天国
特集 年収
1000万
今度こそは
無敵の布陣 !!!
成績優秀なこの
オレ様、市田一郎
明日の面接こそは
落ちるハズが
ない !!!!
目指せ
年収1000万!!!
ゴゴゴゴ
志望動機
私が御社を〜
ドーン!!
準備万端 !!!
…そうは問屋が
おろさないんん
ですね〜
先生
楽勝 !!!
今度こそ
決まった!!
まってろよ〜
いっせん
まん!
イエーイ!
翌日…
面接室
ありがとう
ござい
ましたー

どうしてまたも不採用？教えて、先生！⬇

面接の敗因は「表情」にあった！

↓128ページ

立派なキャリアを持ち、話す内容も完璧だった一郎君。彼には唯一にして最大の準備不足がありました。顔の表情をまったく意識していなかったのです。

「できる人」はイキイキした表情をしています。目には力があり、口の周りを大きく動かしています。

要するに、顔の表情筋がダイナミックに動いており、見た目にも表情の動きがはっきりしているのです。

一郎君は目の焦点が定まらず、口の周りも緩んでいました。面接官から見て「自信がない」「意欲に乏しい」と受け止められてしまったのです。

一郎君がすべきなのは顔の表情筋を鍛えること。トレーニングしだいで「できる自分」を演出できます。

いらっしゃいませ!
いらっしゃいませ!
ホッホホ
笑顔になるのは
誰のため？
大売出し～
○○デパート
こないだも先輩から「もっと笑顔で！」っていわれたけど…
うーん…
よけいひきつり～
ホラ! もっと笑って!!
えがお～
う～ん…笑顔ってむずかしい…
キラッ
キラッ
どうしたの、二美ちゃん？
あっ笑顔先輩！
眩しさでわかりました!
だって何もおもしろくないのに笑えないよ?!
お笑いとかなら笑えるけどぉ～
ぐっ

唐突すぎるビッグスマイル！一体何が起こったの？ ↓

まずは〝考え方〟を切り替えよう

→88ページ

楽しいことがなければ心から笑顔にはなれない――。あなたも、そう思っていませんか？

たしかに、気持ちを偽って無理に笑顔をつくると、ストレスがたまるだけかもしれません。

それを解決するとっておきの方法があります。目の前に人が現れたときに「この人に会えるのは素晴らしいことだ」「ここから新しいチャンスが生まれる」などと、自分の考え方をまず切り替えるのです。これは心理学で「認知行動療法」と呼ばれています。

「幸福だから笑うのではない、笑うから幸福なのだ」という哲学者アランの名言があります。笑顔を出すことで、幸福感は後からやってくるのです。

笑顔のパワーを使って相手にどんどん近づいていきましょう。

はじめまして三井です。
今日はオオモノ産業さんと
初めての打合せ。
なのに――。
タマシイ
ひ～
3時間にわたる
クレーム…
さすがにキツいわ…
オーイ三井！
オオモノ産業さんとの
打合せいくぞー!!
おつかれさま～
第一印象は
2秒で決まる?!
キーンコーン
カーンコーン
はいはい
誠に申し訳ございません
クレーム対応中!!
お静かに!!
怒濤の日々がすぎてゆき…
えっ今から行きますよ?!
先日のお打合せの件ですが…
ワー!
ワー!
ワー!
報告
三井！受注取れたぞ!!
ハイッ
ま、まだつかれが…
あっハイ！こちらこそ
マルイ商事の
三井です。
はじめまして。
よろしくお願いいたします―
そして3カ月ー。初日はついてなかったけど、
オオモノ産業さんとのビッグプロジェクトは順調に進み…
あっという間に3カ月経ちましたね～
まもなく完成ですね～!!

驚愕の事実！　どうしてそうなった?! ↓

ファーストコンタクトで あなたの印象は決まる

↓ 34ページ
↓ 93ページ

　人は初対面での相手の見かけから、相手の感情や意識を瞬間的に判断しています。

　特に「目は心の窓」という言葉があるように、目には人のエネルギーや戦う印象が表れます。

　俗にいう「目力」が強い人は、相手と会うことにやりがいや喜びを感じているという気持ちが伝わるので、初対面で好印象を与えることができます。

　一方で、ファーストコンタクトでやる気のない印象を与えてしまうと、その印象を覆すことは非常に困難です。三井さんは、残念ながら第一印象で失敗してしまったわけですね。

　実は初対面の印象は、出会ってからたった2秒のうちに決まってしまいます。出会いの2秒で最大限に魅力的な自分を演出する必要があるのです。

営業部の新人、四谷君は
明るい人柄の人気者
営業部の四谷です!!
よろしくお願いしまっス!
やる気
○よいあいづち？
×悪いあいづち？
今月の営業MVP
営業部第2営業課
田中五郎さん
おめでとうございます!
いつかオレも…
…が、そんな彼にも弱点がありました。
人なつっこくて
話題も豊富
花形営業マンに
なれる資質も
十分
西口の○○行きました？
ワイ
オハヨーゴザイマスー
この間のA社の打合せで…
ワイ
ワイ
四谷くんオハヨー
コツコツ
スパーン!!
はーい、そこ～
先生
スッ
ヒッ
!!!
それは…
あー
はいはい
はい…
で、これを
こうする
だろ？

意外な落とし穴！「なるほど」はダメですか？

うなずきを変えるだけで話し上手になれる

↓160ページ

うなずき上手、あいづち上手は人から好かれます。自分の話を聞いていてくれると思うと、安心して自分の話を進めることができるからです。たとえ話すのが苦手でも、相手の目を見ながらうなずき、的確なあいづちを打っているだけで、会話はどんどん転がっていきます。

四谷君のように、「はいはいはい」と返事するのは、適当に受け流しながら聞いていると受け止められ、相手の気分を害します。「なるほど」も要注意ワード。特に先輩や上司など目上の人に対して使うと、偉そうに聞こえてしまいます。

無意識のうちに間違ったうなずきとあいづちをしている人は、これを機に自分の態度を見直してみましょう。

はじめに

よく「第一印象が大切」といいます。でも、あなたは第一印象の大切さを本当に理解しているでしょうか。

「人は見かけよりも中身が大切」だから「時間をかけて、本当の自分をわかってもらおう」などと考えていると、第一印象であなたのよさが伝わらない可能性は十分にあります。そして、残念なことに第一印象は、なかなか変わりません。

ですから、**誰かといい関係を築きたいなら、第一印象で「できる人だ」「すてきな人だ」と思ってもらう必要があります。**

あなたは顔の表情がわからないほど遠くにいる相手にも、強く「第一印象」を与えています。人は15メートル離れていても、姿勢や動作から「できる人か？」「いい人か？」などと判断するからです。

第一印象決定には、たった1秒あれば（ちゃんと見ている人からすれば遠方からでも）充分です。しかし、たいていの人は、相手の1・5メートルくらいまで近寄って、はじめてよい姿勢にしたり、よい顔にしたりします。これでは手遅れなのです。

ですから本書では、「離れた距離での第一印象の作り方」から、だんだん距離が近づいて、相手の目の前で話をするまで——この時間の流れに沿ってわかりやすくお伝えしていきます。

人との「話し方」については、なんと2千年以上も昔にアリストテレス（紀元前384～322年）が本を書いています。

アリストテレスは、相手を説得するためには、以下の3つが必要だと書いています。

- **論理（ロゴス）**
- **情熱、感情（パトス）**
- **信頼性（エトス）**

この3つのうち「信頼性（エトス）」は「過去の実績」がものをいいます。すぐに身につけることはできません。また「論理（ロゴス）」も時間をかけて高めるものです。

でも、「情熱・感情（パトス）」は違います。初対面の一瞬で相手の心をギュッとつかんで、その後のやり取りで**相手と「共感関係（ラポール）」を築く**ことが可能です。これこそが**人間関係の出発点**です。

本書では、そのために身に付けておきたい34のコツをまとめました。どれも、すぐに実行できることばかりです。

私はパフォーマンス学の第一人者として、35年間、自己表現を「科学」として研究してきました。これまで累計5万人以上のビジネスパーソンにパフォーマンス研修を行い、183冊の単行本を書いてきました。

本書は、こうした長年の研究と研修経験のエッセンスをわかりやすくまとめた、私の「ベスト版」です。**「すぐに、そして劇的に」第一印象が変わる具体的な方法**をお伝えします。

さあ、具体例と研究成果を見ながら、第一印象を劇的によくする考え方・具体的方法を、

楽しみながら身に付けましょう。

佐藤綾子

できる大人の「見た目」と「話し方」目次

第1部

30m↓5m編 一瞬で好感を与える「姿勢・しぐさ」

第2部

心をつかむ・信頼される「顔つき・表情」

5m↓50cm編

第3部

コミュニケーション編

自然と会話が続く「話し方」

特別付録

第1部

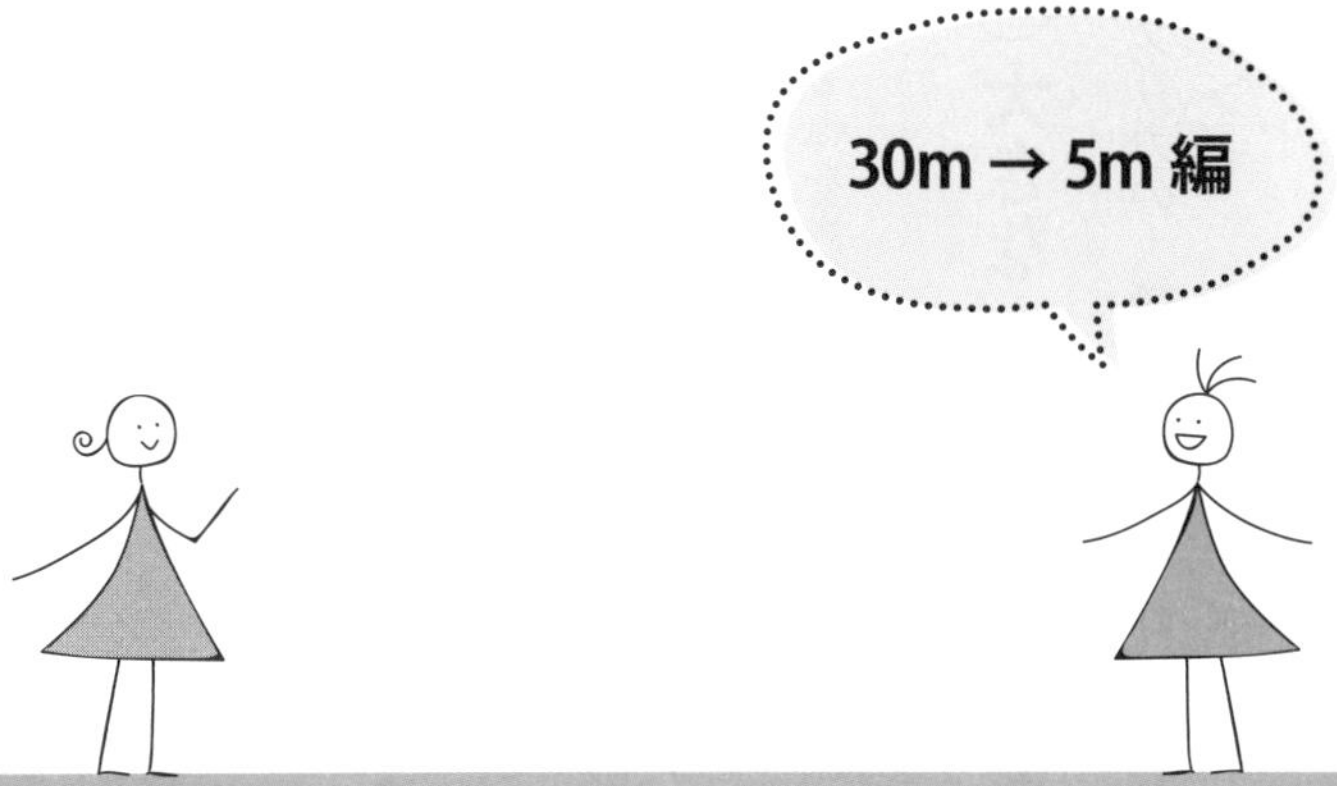

一瞬で
好感を与える
「姿勢・しぐさ」

姿勢を整え
よい印象を
与える

01

歩くときは“体を大きく見せる”

★人はより大きなものに、パワーを感じる
★体が小さく縮こまっていると、ネガティブな印象を与える
★体を大きく見せる「歩き方」や「立ち姿」を知っておく

大きな人のほうが有能で元気に見える

アメリカの大統領選挙戦では、これまでほとんどのケースで身長の高い候補者が選ばれてきました。

大きいものが大好きで「高さ信仰」のあるアメリカでは、当然の結果と思われるかもしれ

ません。

しかし、これはアメリカ人に限ったことではありません。私たち日本人も、大きなビルの会社は勢いがいいと感じますし、背の高い人のほうがパワフルだと感じます。

反対に、**体がシュンと小さくなっている人には、力がない、落ち目、才能が低い、影が薄いというような印象を受ける**のです。

つまり、体を大きく見せたほうが有利ということです。

体を上下に引っ張って背筋を伸ばす

「私は背が低いから」などとがっかりしないでください。**問題は「どう見えるか」**です。自信をもって仕事をしている人は、体全体が大きく見えます。それは、身長の高低とは関係ありません。

では、具体的に大きく見せる方法をお教えしましょう。

まず、足の裏は、体の重心を支える**湧泉**《ゆうせん》のツボあたりでしっかりと地面をとらえ、重心を下にもっていきます。一方で、頭のてっぺんの**百会**《ひゃくえ》のあたりを天井に向かって高く吊り上げていきます。

大きく見える立ち方・歩き方

歩いているとき

上半身が前に倒れたり、
後ろに倒れたり
しないよう、
上半身と下半身の
バランスが大事！

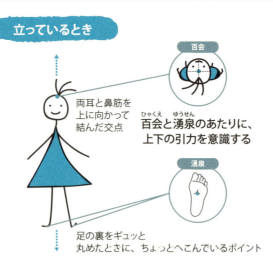

腕は足の動きに
合わせ、
自然に振る

立っているとき

両耳と鼻筋を
上に向かって
結んだ交点

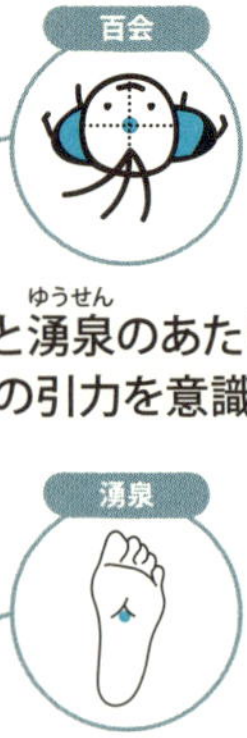

百会《ひゃくえ》と湧泉《ゆうせん》のあたりに、
上下の引力を意識する

足の裏をギュッと
丸めたときに、ちょっとへこんでいるポイントこのように**上と下への引力を意識することで、背筋が伸びて、体がぐんと大きく見える**ようになります。

歩くときは、上半身と下半身を同時に動かす

歩くときも歩幅を広くします。そして、**腕の振り方と胸の張り方に気をつけなければいけません。**

立ち止まっているときは、体が上下に引っ張られたよい姿勢ができているのに、歩くと前のめりになって腰のあたりで「くの字型」に体が曲がってしまう人がいます。特に急いでいるときは要注意！　**パソコン姿勢で肩甲骨が前に入っている人も、下半身が置いていかれがち**で

元気がないときこそ、腕を振ろう！

疲れているとき、悲しいときは
腕もダラリとしがち

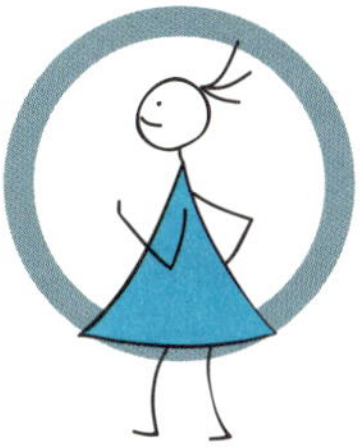

腕の振りは歩行動作の
バランスを取る役割もあります

腕を振ることで歩くことが楽になる！

すから気をつけましょう。

また、足だけを前に突き出し、上半身が後ろに倒れている姿勢にも気をつけてください。背中が丸まってお腹が突き出た様子は、ビア樽が移動しているように見えてしまいます。

特に太った人がそんな歩き方になりがちですが、背は低く見えます。

つまり、体を大きく見せるには、上半身と下半身を同時に操らなくてはいけません。腕は両足の動きに合わせて自然に振ります。

背骨からまっすぐおろしたラインに両脚がくるように注意しましょう。それが歩くときの正しい姿勢です。

Column

自己紹介を成功させる3つの条件

自己紹介で相手にあなたを覚えてもらうために、必要不可欠な3つの条件があります。
①伝えるポイントを絞る…持ち時間が1分間であれば、1項目でじゅうぶん
②インパクトをもたせる…声に強弱や速度をつけ、覚えてほしい言葉を繰り返す
③相手のメリットを考える…相手のことを事前に把握しておく

姿勢を整え
よい印象を
与える

02

歩幅を広げて、やる気と元気を見せる

★歩幅を見れば「元気があるかどうか」がわかる
★心のエネルギーが大きい人は〝大きな歩幅〟で歩いている
★元気に見える歩幅の目安は男性60㎝、女性55㎝

歩幅を決める3つの要因

「胸を張って歩きなさい」「元気よく歩きなさい」。子どものころよくいわれませんでしたか？

そして、大股で歩いてみせたりした経験はないでしょうか？

まずは人間の歩幅はどう決まるかについてお話します。

歩幅は3つの要因で決まります。一つは「体格」、もう一つは「股関節の可動域」、そして意外にも「心の中のエネルギー量」つまり元気がたくさんあるかないかです。

元気があるときは、運動中枢の神経が活発に働き、自然と足を前に出すことができます。私の実験によると、平均身長の日本人では、男性で60㎝、女性で55㎝の歩幅で歩くと元気に見えています。

逆に**元気がないときは、歩幅は狭くなります。**だから、歩幅が狭い人は損をします。商談相手に会うときや、営業に行くときに、とぼとぼと小さな歩幅で歩いていると、相手はあなたに不景気な印象を感じるからです。

歩幅が広い人は元気に見える！

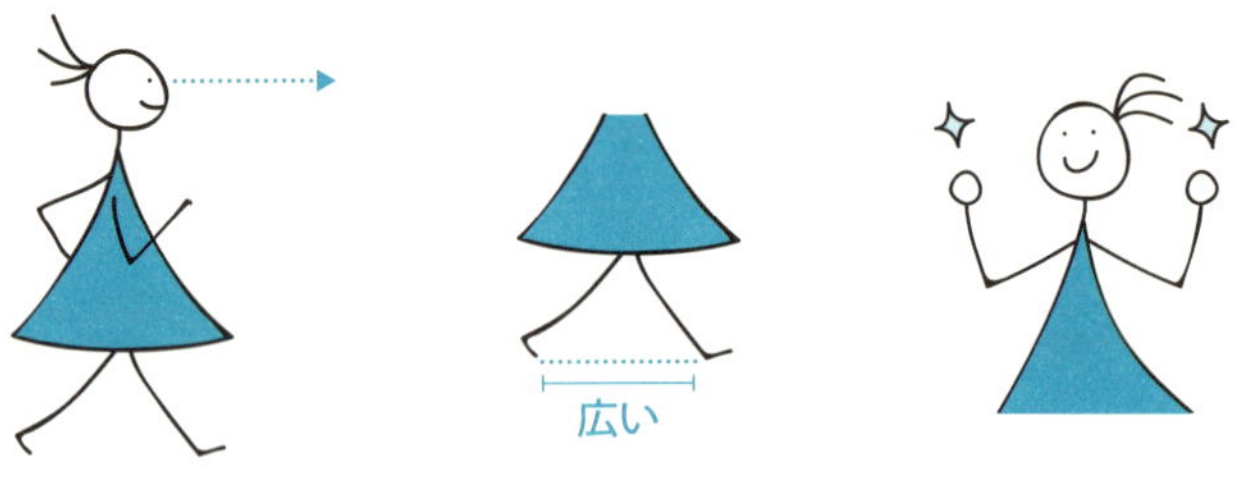

しっかり前方を見る → **歩幅を大きくする** → **元気があるように見える！**

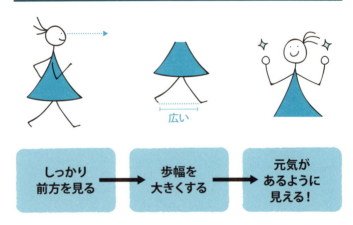

大きな歩幅で歩いて元気な印象を与えよう

歩幅が大きければ「元気でやる気がある人」と思ってもらえる可能性が高まります。

もしあなたの会社や道路に50㎝幅のパンチカーペットや床タイル（日本では一番多いサイズ）を見つけたら、その**一マスをまたぐような要領で、男性60㎝、女性55㎝の歩幅を練習**してみましょう。前の足をスッと踏み出し、重心をかけると同時に、後ろの足で体を前方に蹴り出します。

赤ちゃんやお年寄りの歩幅は大人よりも狭いものです。赤ちゃんは足が短いから当然ですが、お年寄りの場合は、加齢によって股関節の可動域が狭くなることが原因です。

ですから、**普段から大きな歩幅で歩いて股関節を大きく動かしていれば、いつまでも元気で若々しい人に見られる**のです。

理想的な歩幅は男性60㎝、女性55㎝以上

歩幅は自分自身で意識して大きくすることが重要です。

うつむきながら歩くとそれだけで歩幅は狭くなってしまいます。そして歩幅が狭いと、元

大きい歩幅で歩く練習をしよう

トレーニング❶
家や会社のタイルやパンチカーペットをまたいで歩く

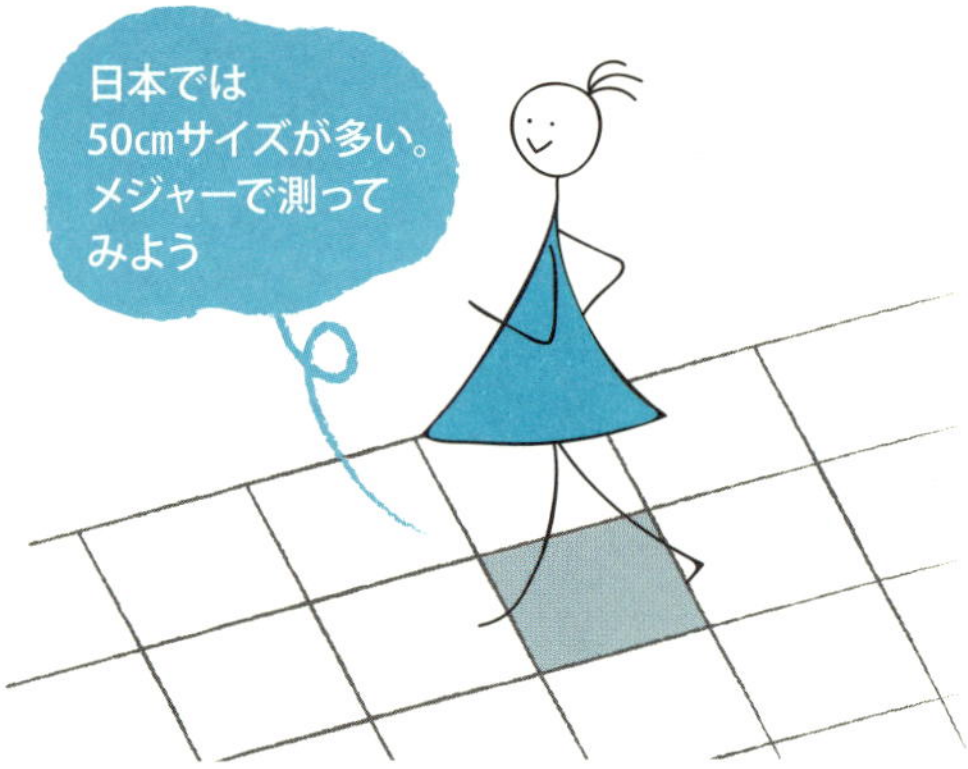

トレーニング❷
元気よく歩いている自分を想像しながら歩く

気がなく、老けた感じに見られます。**いい仕事をしている人は歩幅も広くパワーを感じさせる歩き方をしている**ものです。

まずは、決まった距離を歩くときには、歩いた歩数を小さな声で数えてみてください。そして、歩いた距離を歩数で割ってみましょう。あなたの歩幅が算出されます。

それが男性で60㎝未満、女性で55㎝未満だった場合は、**もう一声自分の足に気合を送りましょう。**元気を出して、歩幅を大きくしていくのです。

Column

第一印象が話の価値を左右する

「第一印象が悪くても、あとで修正すればいいや」は大間違いです。次のことが実験などでわかっています。

❶第一印象が悪いと、伝える話の価値が目減りする

❷第一印象は後々まで引きずる

❸１回の対面の中で挽回するのはほぼ不可能

（顔における第一印象の確度と時間／佐藤綾子／2008年）

姿勢を整え
よい印象を
与える

03

15m先から、あなたの心は読まれている

- ★姿勢のよしあしは15m離れていてもわかってしまう
- ★目的意識の有無は動線の違いにあらわれる
- ★最短距離で動けば目的がはっきりした「できる人」に見られる

表情は見えなくても姿勢から印象は見られている

おもしろい実験があります。元気よく背筋を伸ばしたモデルのAさんと、元気なく肩を落として背中を丸めたモデルのBさんに、駅に向かって歩いてもらいました。そして、通行人に30mと15m地点でのAさんとBさんの印象を聞いたのです。

すると、すべての通行人は**少なくとも15ｍの距離で、相手の姿勢からその人の印象を読み取っていました。**

「Aさんは元気がよさそうな人だ」「Bさんは背中を丸めてトボトボ歩く元気がない人だ」という回答が集まったのです。

たとえば相手の会社を訪問するときでも、遠くからあなたを見た人は、その時点であなたの能力ややる気を見定めています。相手に近づいてから、姿勢に気をつければいいと思うのは大間違い。つまり、相手の目の前の椅子に案内されて、**座ってから姿勢を正しても手遅れ**なのです。

「動線」を見れば心の中まで一目瞭然！

実は姿勢だけでなく、動線によっても、あなたの心は読まれています。「動線」とは、人間が歩くときに通るラインのことです。

たとえばデパートに出かけるときに買う物が決まっていなければ、あなたは右や左に曲がったり、立ち止まったりしながら、ぶらぶらと歩くはず。つまり、目的が決まっていないと、いわゆるウィンドウショッピングのぶらぶらとした歩き方になるのです。

実際に私は3年間、新宿の小田急百貨店で買い物にくるお客様の動線を観察しました。

予想通り、買う物が決まっていない人は、**「スネークライン（蛇行状態）」**で歩いていました。

一方、何を買うかが決まっていて、その品物がどこにあるかわかっている人は、品物に向かって最短の距離でスタスタと歩きます。これが**「ビーライン（ミツバチが蜜を求めて飛ぶ直線）」**です。

スネークラインではなく ビーラインで歩こう

歩き方で、あなたの能力は測られているも同然です。

「最短距離の直線で動く人」は目的がわかって

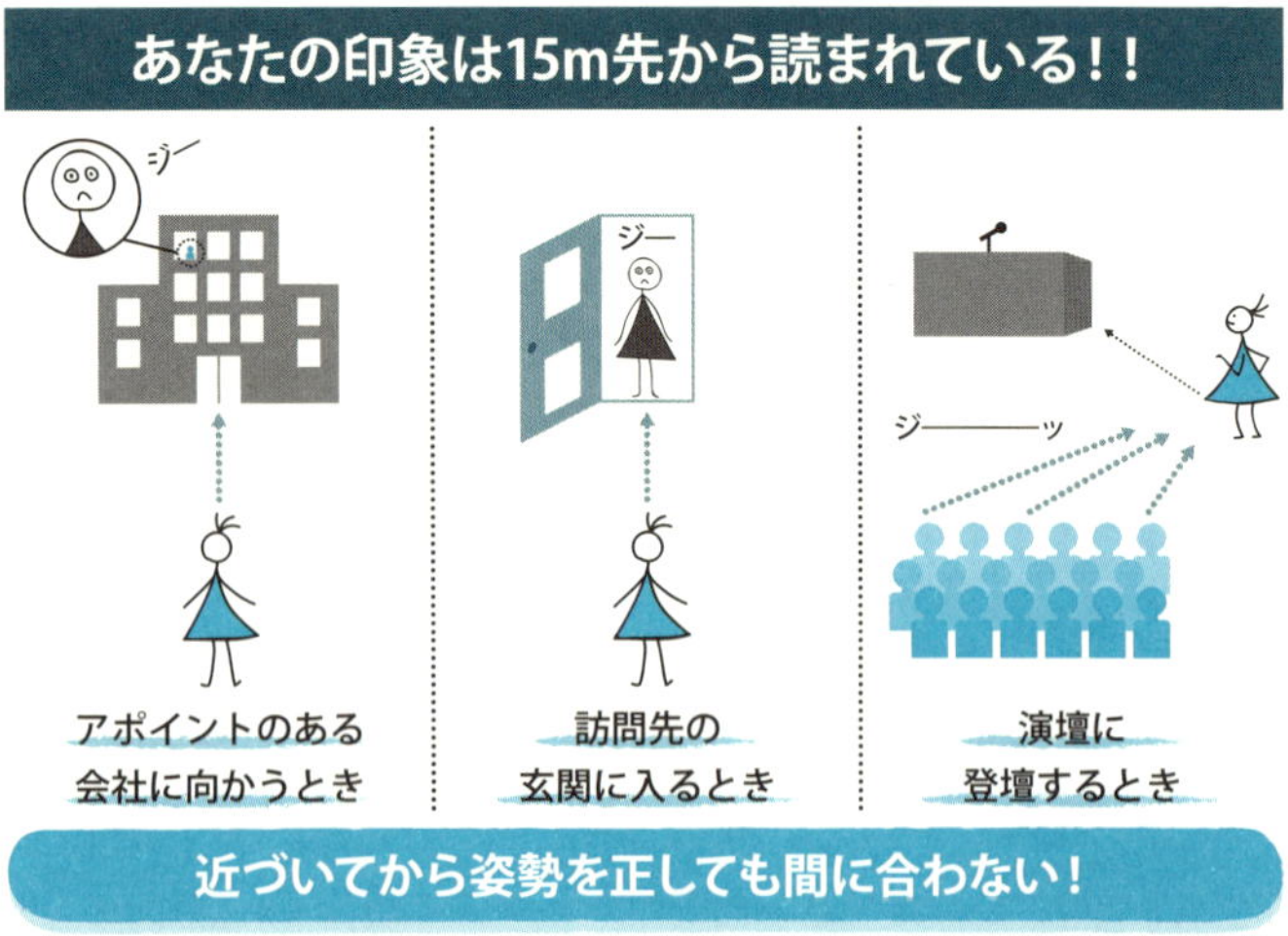

あなたの印象は15m先から読まれている！！
ジー
アポイントのある会社に向かうとき
ジー
訪問先の玄関に入るとき
ジーーーッ
演壇に登壇するとき
近づいてから姿勢を正しても間に合わない！

目的意識の有無は「動線」に表れる！

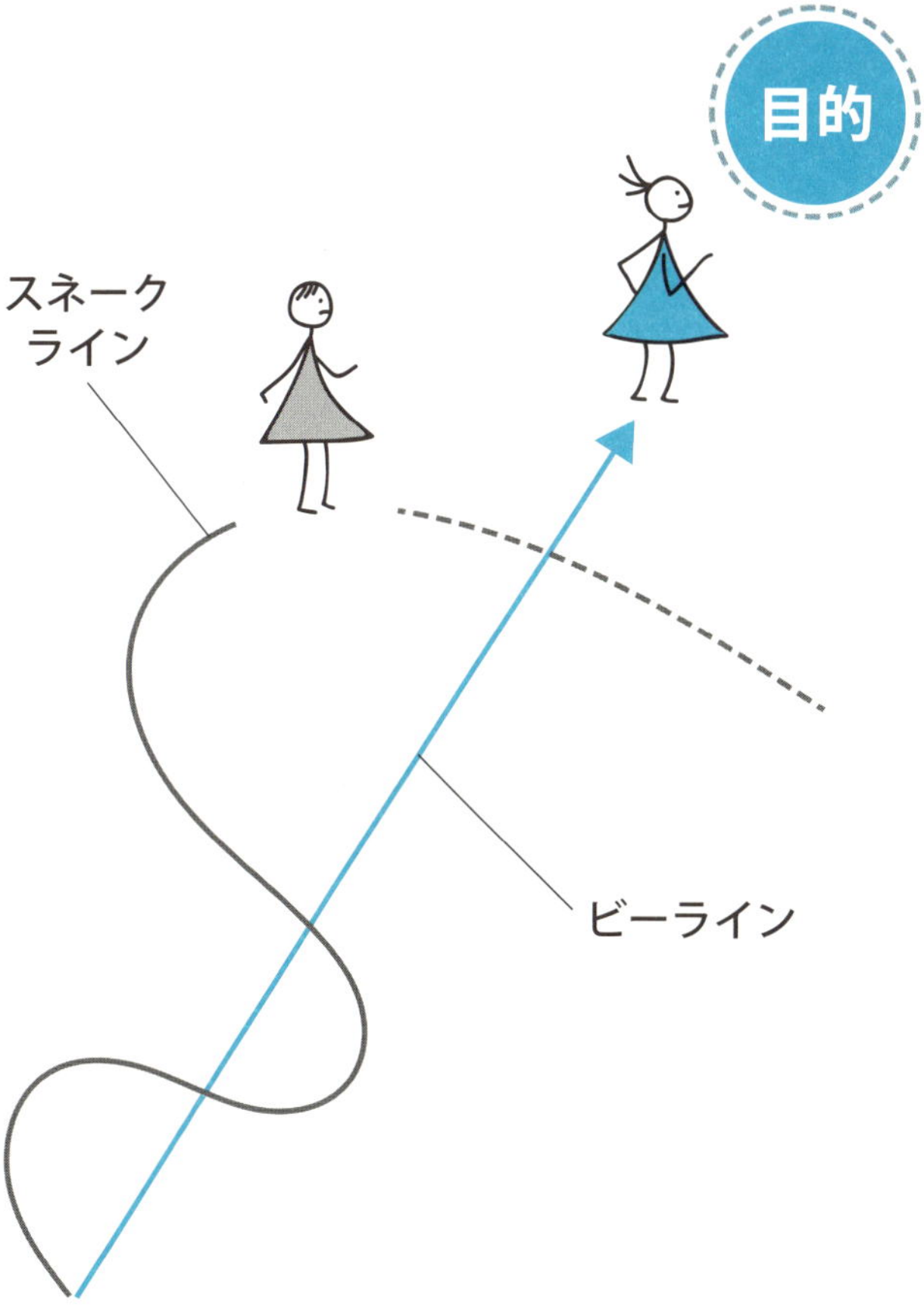

ビーラインで歩いて「できる人」の印象を与えよう！

いる人、つまり、自分の今やるべきこと、今日の仕事がわかっている人に見られます。

目的がはっきりしていれば、スタスタとビーラインで歩くことができるからです。

しかし、とりあえず会社には行くけど、何をしたらいいのかしらと思っている人は、曲線的なスネークラインで歩いてしまうのです。

どちらが有能な人に思われるか、答えは簡単でしょう。

Column

無意識の動作が あなたの印象を左右する

心に余裕と優しさのある人は、無意識のうちにそれがにじみ出るものです。本人は無意識でも相手は、その優しさに気づきます。

たとえば次のようなケースが当てはまります。

1. 相手が物を取るときにちょっと手助けをする
2. 相手の話に微笑みながらうなずく
3. こちらに向かってきたときに軽く会釈して挨拶をする

姿勢を整え
よい印象を
与える

04

「背骨」で元気をアピールする

★表情が見えなくても、「背骨」で能力は判断される
★背筋が曲がっていると、胃や腸の調子も悪くなる
★背中を丸めて座っていると、評価ダウンにつながってしまう

あなたの能力は「背骨」で判断される

日本語には「あの人は気骨がある」「骨が太い人だ」などという表現があります。元気やパワー、やる気を表す言葉の中に「骨」という文字がよく使われるのです。

全身の骨の中でも「最も重要な骨」といえば、頭を乗せて全身を支える「背骨」でしょう。

人という脊椎動物の背骨は、7個の頸椎、12個の胸椎、5個の腰椎と仙骨と尾骨から成り立っています。

合計26個の骨でできている背骨は「脊柱起立《せきちゅうきりつ》筋《きん》」というタテに走る筋肉を使って自由に動かすことができます。

一方、うまく筋肉が働かないと、背骨は重い頭部によって前に垂れ下がり、ぐにゃりとだらしなく曲がってしまいます。

15m離れていても相手はあなたを見ています。あなたの表情はわからなくても、**背骨の伸び方や形で、あなたを「できる人だ」と思ったり、「元気のないだらしない人だ」と判断しています。**

背骨は26個の骨でできている

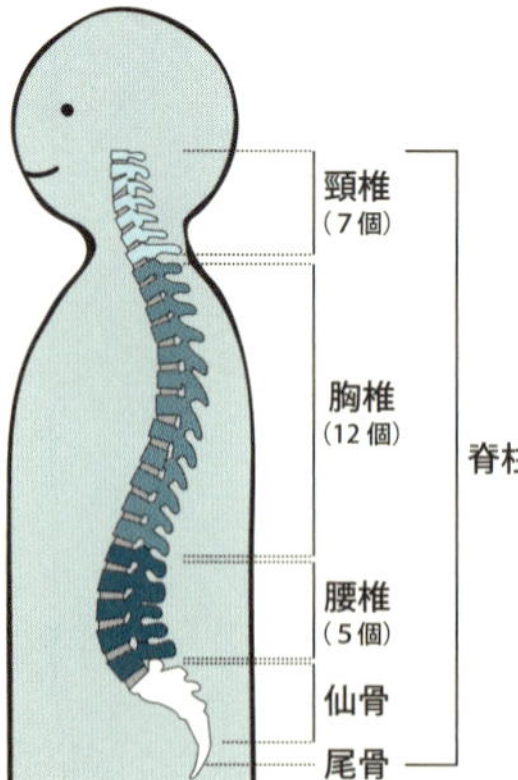

背筋が伸びると体も心も元気になる

背骨が曲がっていると、内臓が圧迫されるので、胃や腸の調子も悪くします。反対に、**背筋を伸ばせば、胃や腸の蠕動《ぜんどう》運動《うんどう》もきちんと行われる**ようになります。

だから、たとえ元気がないときでも「背筋を伸ばして歩こう」と、自分自身に声をかけるようにしてください。行進曲などの音楽がかかると、自然と背筋がピンと伸びますが、ビジネスのなかで行進曲が聞こえてくることはありません。**あなた自身で行進曲を思い浮かべ、背筋に意識を配っていく**必要があります。

自分の背骨がどうなっているか、町を歩くときはお店のウィンドウで、自分の姿勢をチェックしてみましょう。あるいは「私はどんな姿勢をしている？」と友達に聞いてみてください。

背もたれに頼ると、お腹も突き出る

座ったときも決して油断してはいけません。

だらしなく背もたれに全体重をあずけている人は、必ず背筋が丸まっています。

そして、背筋が丸まった結果、**お腹がぽこっと前に突き出てしまいます。**

背骨への意識を高めるトレーニング

❶2人組になって、
相手に背中の骨を
1個ずつ触ってもらう

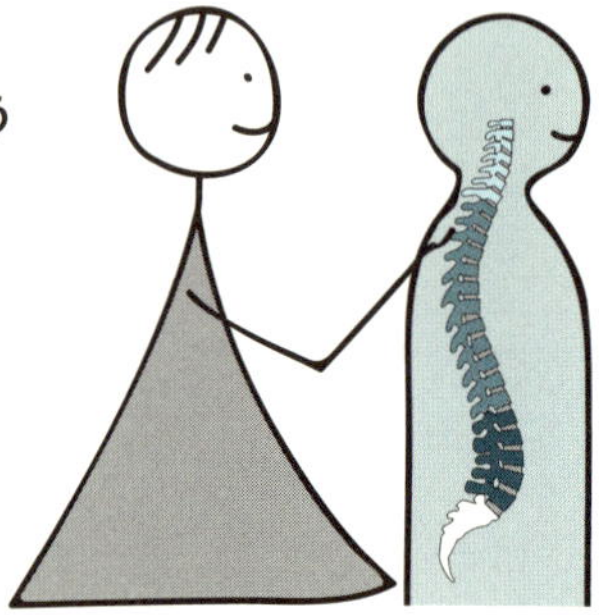

❷背骨一つずつに
意識を配りながら、
上下に引き伸ばされる
感じで立つ

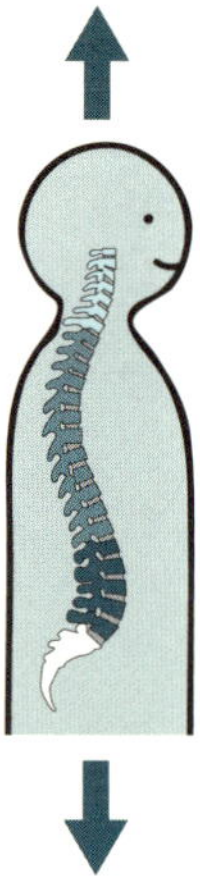

これを行うことで、
身長が1㎝くらい伸びるかも！？

こんな恰好をしていては、話し手はあなたを見て「だらしない人だ」「自分の話に関心をもっていない」と、悪い印象をもつ可能性が高くなります。

背筋が伸びているかをチェックするには、毎年の健康診断での身長の高さに注目するのがおすすめです。

少しでも去年より身長が縮んでいたら、背骨への意識が下がって姿勢が悪くなっていることが原因の可能性があります。その場合はすぐに背骨のトレーニングに取り組んでみてください。

Column

話を聞いてもらうには「話の目的」を明確にする

話の目的には大きく次の３つがあります。

①楽しませる
②知らせる
③説得する

相手に話をしっかり聞いてもらいたいときは、はじめから目的をはっきり決める必要があります。

なぜなら目的を決めておけば、**言葉づかいや声量、しぐさなどを話の目的にあったものにできる**からです。

姿勢を整え
よい印象を
与える

05

ひざの後ろとヒップラインで若さを演出

★後ろ姿の印象で年齢が判断される
★ヒップとひざの後ろを意識すれば、後ろ姿はよくなる
★普段からヒップラインを上げることで、体型を管理しよう

後ろ姿に気を配り、ひざの後ろを伸ばす

私たちは前からどう見えるかばかりに関心が向きがちです。反対に、**後ろから見られたときの立ち姿や歩き姿には不注意**です。

歩いているとき、ひざの後ろが伸びているか曲がっているか、気にしたことはありますか？

その**後ろ姿から年齢を判断されてしまう**ことがあります。

若々しく見られるためには、**ひざの後ろの一本の横線をなるべく伸ばした立ち姿**をつくりましょう。ひざがカクッと曲がっている人は、身長も低く見えて、老けている印象を受けます。

ヒップの筋肉を鍛え三角形にする

ヒップラインにも気をつけなければいけません。

なんとなく立っているだけでは、ヒップの臀筋《でんきん》はダレて下がります。**臀筋の面積は大きいので、ダレているのが他人の目からはすぐにわかります。**

フィギュアスケートの羽生結弦さんやバレエダンサーの熊川哲也さんの姿を見て、多くの女性が「かっこいい！」と感嘆の声をあげます。２人は、技術的に優れていると同時に、ヒップラインが非常にきれいなのでかっこいいのです。きたえられた臀筋にしっかり意識が向いているのでヒップがきちんと上がっています。

普段からヒップラインを意識していれば、臀筋が鍛えられて臀部の脂肪も減り、お尻がキュッと上がっていきます。したがって、横から見たとき、ヒップラインは三角形に見えます。「お尻のほっぺたが三角だ」という言い方をする人もいます。

後ろ姿の印象は「お尻」と「ひざ」で決まる

OK

ヒップにも
力を入れる
ひざの後ろの
横の一本ラインを
伸ばす

歩くときも、
ヒップとひざと背筋を
意識しよう

NG

猫背に
なってしまう
…お尻は
ダラリ
ひざの後ろの
横の一本ラインが
くっきり

後ろ姿で、
実際の年齢以上に
老けて見られます

顔の筋肉は自分でも普段から見ていますが、お尻を見ることはあまりありません。しかし、臀筋は大きな筋肉ですから、人からはよく見えるのです。

体型の管理に気をつかうアメリカ人

アメリカでは自分の体型の維持・向上に時間とお金をかけるビジネスマンが少なくありません。彼らは**第一印象がビジネスを優位に進めていくうえで非常に重要であることを理解している**のです。

特にアメリカで筋トレがさかんなのは、彼らの食習慣では無駄な脂肪がつきやすいという理由があります。

ヒップラインを上げるトレーニング

電車に乗っているとき
立ち話をしているとき
「つま先立ち」をして肛門と臀筋をしめる
並んでいるとき
家事をしているとき

筋肉をつけて、無駄な脂肪を減らさなければ、だんだんとすべてが下に下がってしまい、樽が歩いているような格好になってしまうのです。**筋肉は訓練しないと緩んで下がってしまいます。**ヒップラインを上げるトレーニングを欠かさないようにしましょう。

ひざの後ろを伸ばすトレーニング

1 床に寝そべって、右手で右足のつま先あるいはかかとをもつ

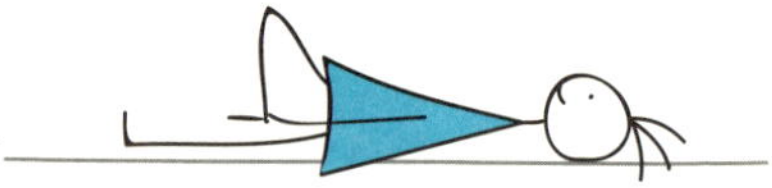

2 ひざの後ろを伸ばして足を垂直まで上げる

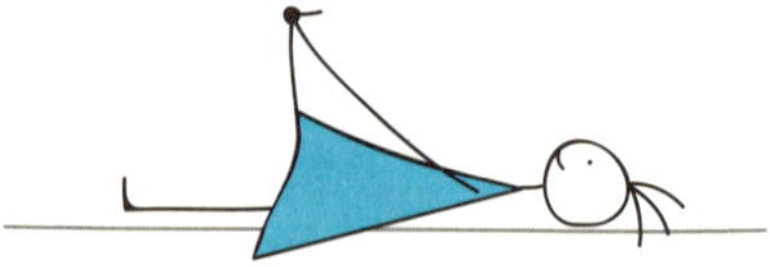

3 これを左右5回ずつ。さらに上がる人は、足を顔に近いところまで引き上げてもよい

好かれるための条件

06

気持ちが近づく「距離の取り方」を知る

★人はみな「自分の空間＝パーソナルスペース」をもっている
★適切に感じる対人距離は女性よりも、男性のほうが短い
★アメリカ人の対人距離よりも、日本人の対人距離は短い

他人のテリトリーに勝手に踏み入らない

あなたが相手に一歩近づいたら相手がすっと後ろによけた。あるいは今まで浮かんでいたスマイルが消えてしまった。そんなことはありませんか？

これは「あなたは近づきすぎです。これ以上、そばにこないでください」という相手の気

持ちが行動になって現れたもの。

誰もが自分の周りに「これは私の持ちものや空間だよ」というスペースをもっています。

これがパーソナルスペース（あるいはパーソナルテリトリー）と呼ばれているものです。

パーソナルスペースは、人によってサイズが違います。

人と接するときは対人距離を意識する

相手との距離を「対人距離」といいます。これは初対面の相手の場合、特に気をつける必要があります。

たとえば、ＡＴＭでお金をおろすときに、後ろに非常に近い距離で並ばれると不安や危険を感じて「嫌だな」と思うでしょう。

最初からあなたの距離感で近寄ってしまうと、知らないうちに相手のパーソナルスペースに入り込み、嫌われるかもしれません。

対人距離は収入や性別、国によっても変わる

この対人距離、実はとても不思議なものです。所得によっても、性別によっても違うのです。

対人距離の長短

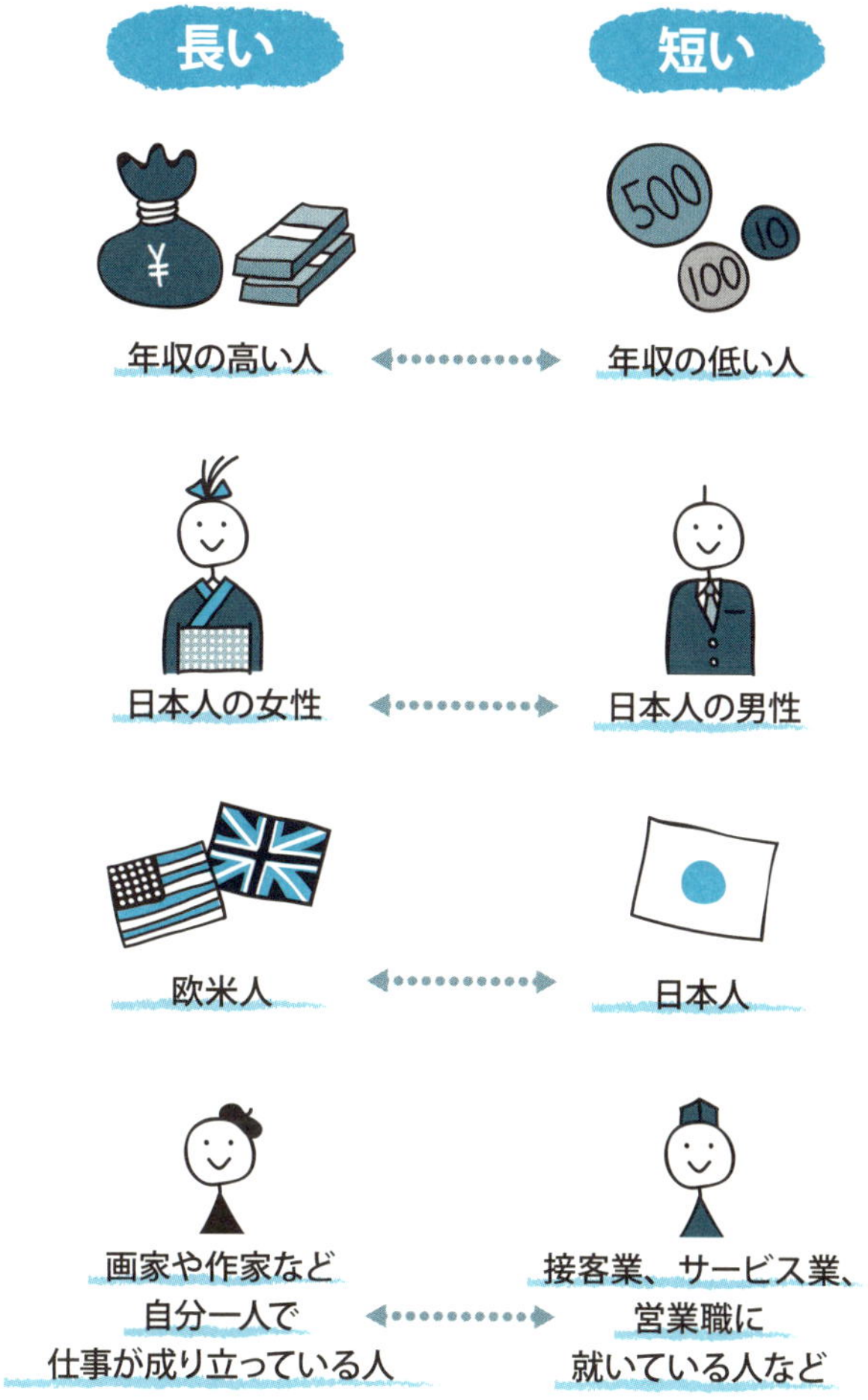

（対人距離実験調査／佐藤綾子／1988年／1000人対象）

たとえば、年収を高・中・低の3つに分けて、細かいデータを取ったところ、年収の高い人のほうがたくさんの距離を必要としました。**対人距離は所得に比例する**ということです。

また、見知らぬ男性と見知らぬ女性では、男性の平均は108㎝、女性の平均は118㎝（日本人の場合）でした。

つまり、**男性は女性が思っているよりも10㎝も近くに寄ってしまい、嫌われる**ことが大いにありえるのです。

日本人と欧米人でも違います。

日本人の対人距離の平均が1mから1m20㎝の間であるのに対して、アメリカの文化人類学者、E・T・ホールが測定したアメリカ人の他人に対する対人距離は3m60㎝。

パーソナルスペースは卵型

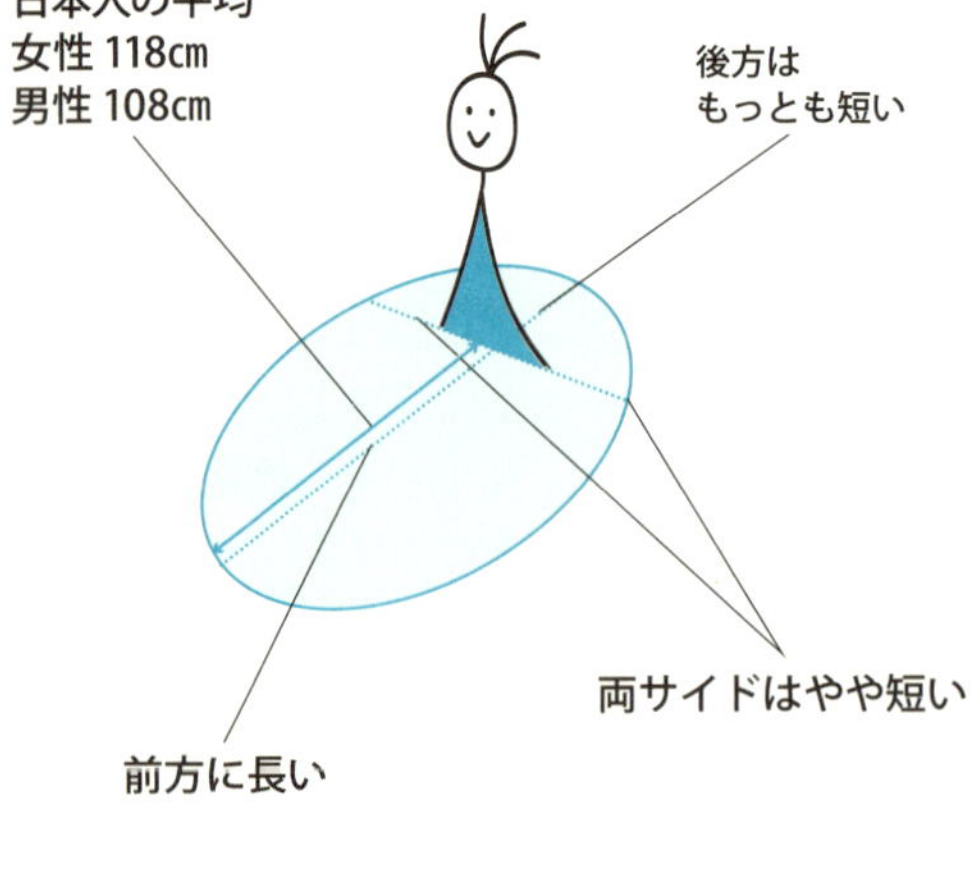
日本人の平均
女性 118㎝
男性 108㎝
後方は
もっとも短い
両サイドはやや短い
前方に長い

親密度と対人距離は関係している

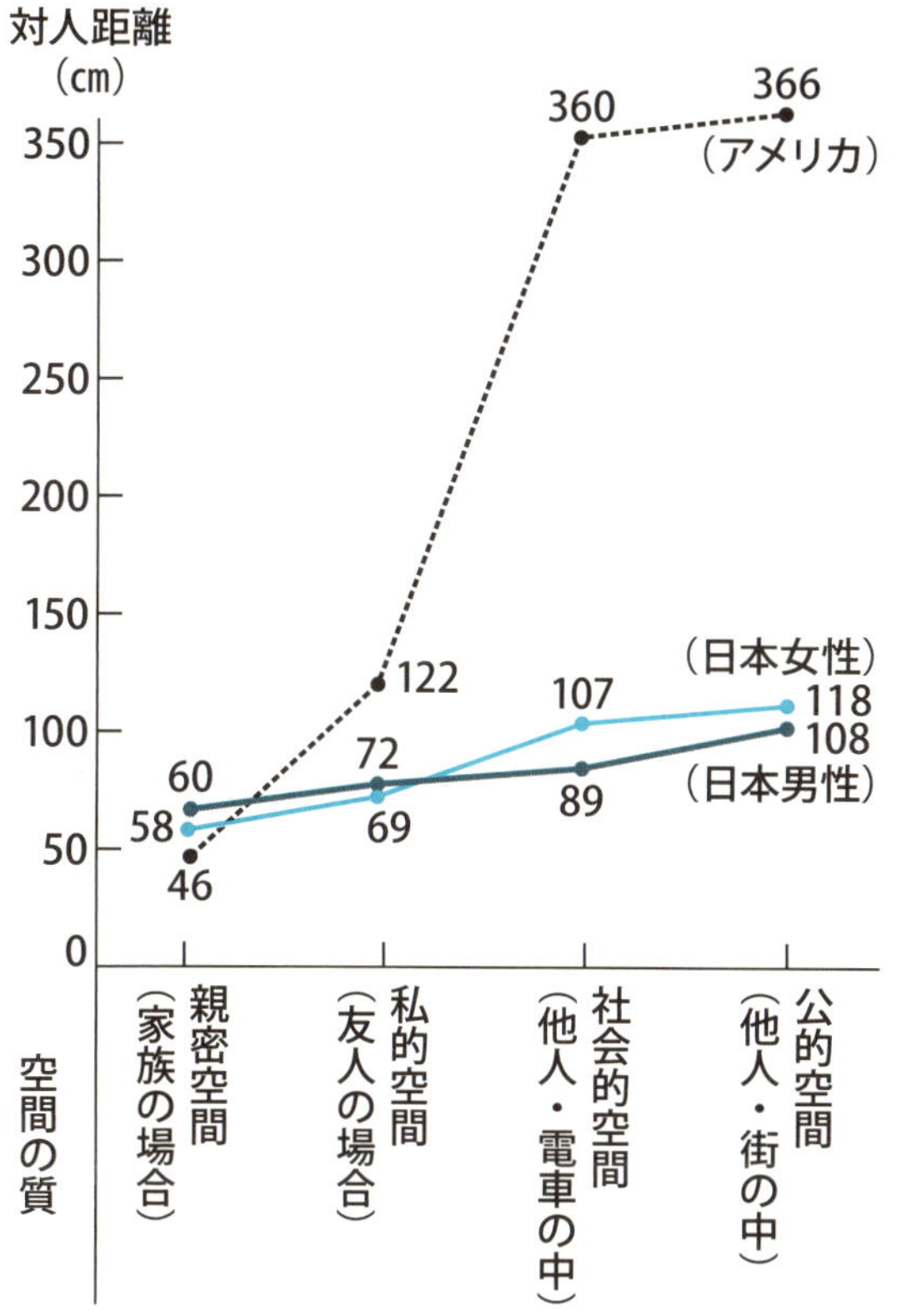

アメリカ……E.T. ホール調べ
日本……筆者調べ
1995 年／ 1000 人調査

日本人に比べ、アメリカ人は、3倍も大きな空間を欲しがっているのです。

これは銃社会であるというアメリカの歴史的な背景を考えると、納得できます。

3m60㎝あれば、相手の姿勢がよく見えます。もしもポケットにピストルなどを隠していたら、ポケットのふくらみまで見える距離です。よく見れば、顔の表情がこわばっていることにも気づくことができるかもしれません。

Column

距離を不快に感じたときの3つの合図

相手の距離が近いと感じたときに人間がとる3つの自己表現法とは

❶スマイルを減らす
❷親密性のある話題から、相手に関係のない話題に切り替える
❸アイコンタクトを減らす

です。

この3つの反応が出たら近づきすぎていないか注意してみましょう。

（アメリカの心理学者・アーガイル）

好かれるための条件

07

手のひらの動作とポインティング

★手のひらを使う「例示動作」のコツを押さえる
★「表象動作」は言葉の代わりとして使うことができる
★人に「指さし（ポインティング）」をするのは失礼なので要注意

「例示動作」で相手を会話に引き込もう

「こちらへどうぞ」というときは、手のひらを広げて案内します。言葉と一緒に手のひらを動かす動作を**「例示動作（イラストレーターズ）」**といいます。例示動作は言葉と一緒に使って言葉の働きを手伝うものです。

たとえば「当社の仕事は北海道から九州まで……」といいながら左手を斜め上に、右手を斜め下に動かす（相手から見て日本地図をイメージさせる）のは上手な例示動作の使い方です。

言葉に出せない気持ちを伝える「表象動作」

「表象動作（エンブレムズ）」は言葉と一緒ではなく単独で使う動作です。典型的なのはVサインです。上司のことを表すときにゲンコツの親指を立てて見せたりするのも表象動作です。

下町の店先でよく見かける招き猫も表象動作をしています。手のひらをチョンと丸めて「こちらへどうぞ」「いらっしゃいませ」とお客様を歓迎しているのです。

表象動作がうまく使えるようになると、遠くからでも、ほかの人がいてはっきり口に出せないときでも、あなたが何をしようとしているのか、相手に伝えることができます。つまり、**言葉の届かない場所にいる相手とも、会話ができるようになる**のです。

人に対して指さしは厳禁

手のひらの動作はほとんどの人が意識的に使うものですが、**無意識に出てしまいがちなのが、人さし指の「指さし（ポインティング）」**です。

人から指をさされてドキッとしたことはありませんか？　資料などを見ながら、「この数字は……」と指をさすのはいいのですが、**人に対しての指さしは本当に失礼なこと**です。

「後ろ指をさされる」という言葉は、後ろから指をさして「あの人は悪い人だよ」というたとえとして使われます。指をさすことは、犬に「おすわり！」というときと同様、人間には失礼な動作なのです。

特に日本の50代以降の男性には、この指さし

例示動作と表象動作
言葉をサポートする
動作をそえる
（例示動作）
こちらへ
どうぞ
言葉を使わず
動作だけで伝える
（表象動作）
こっちにきては
ダメです！！

人に指さししてはいけない！

君がする
ことだよ
指さしされる
と圧力を
感じる
あいつ
中年男性は
やりがちなので
要注意！

を無意識に使う人が多くいます。「あなたはこうしなければならない」といいながら、人さし指を相手に向け、上から下にポンポンと下ろすような動作をするのです。

ポインティングをされると、相手はなんだか悪いことをして糾弾されているような圧力を感じます。ハラスメント（嫌がらせ）と受けとめられる可能性もありますから、絶対に止めましょう。

Column

聴衆を虜にした ヒトラーの例示動作を見る

ヒトラーはたくみな例示動作で聴き手を巻き込みました。

❶大勢の聴衆に向かって、「ドイツの優秀な青年諸君」といいながら、両手を大きく広げて差し出す

❷演説中には、音楽の指揮者のように両手を自分のほうに引き寄せる

上手な例示動作は言葉の効果を強めるのです。

好かれるための条件

08

「どこに座るか」を慎重に考える

★座る位置は相手との信頼関係に強く影響する
★相手との距離や打ち合わせの人数によって「座る位置」を考える
★訪問先で座る場所に困ったときは、秘書などに直接聞く

能力はあるのに仕事がこないのはなぜ？

ペンシルバニア州立大学を出た有能な弁護士Aさんが私のもとへ相談にきました。彼は、自分は非常に優秀であり、法律についての専門知識は自信があるといいます。

ところが、彼のもとを訪れた相談者のほとんどが一回目の相談の後、正式な契約にいたら

ないのです。彼はあまりにも依頼が少ないことに悩んでいました。

さて、当のAさんは、私の事務所に来るなり、「こんにちは」といって、私が案内したソファーにまっすぐ向かって座りました。そこまではいいのです。ですが、私が彼のほぼ正面に座ると、彼は私から45度の位置、つまり私の正面の隣の位置に座り直したのです。

会話しやすい場所に座るのが基本

「あれ、どうしたのですか？」とAさんに尋ねると、「『真正面に座ると、相手に圧迫感を与えるからずらして座れ』と雑誌に書いてありました」というのです。

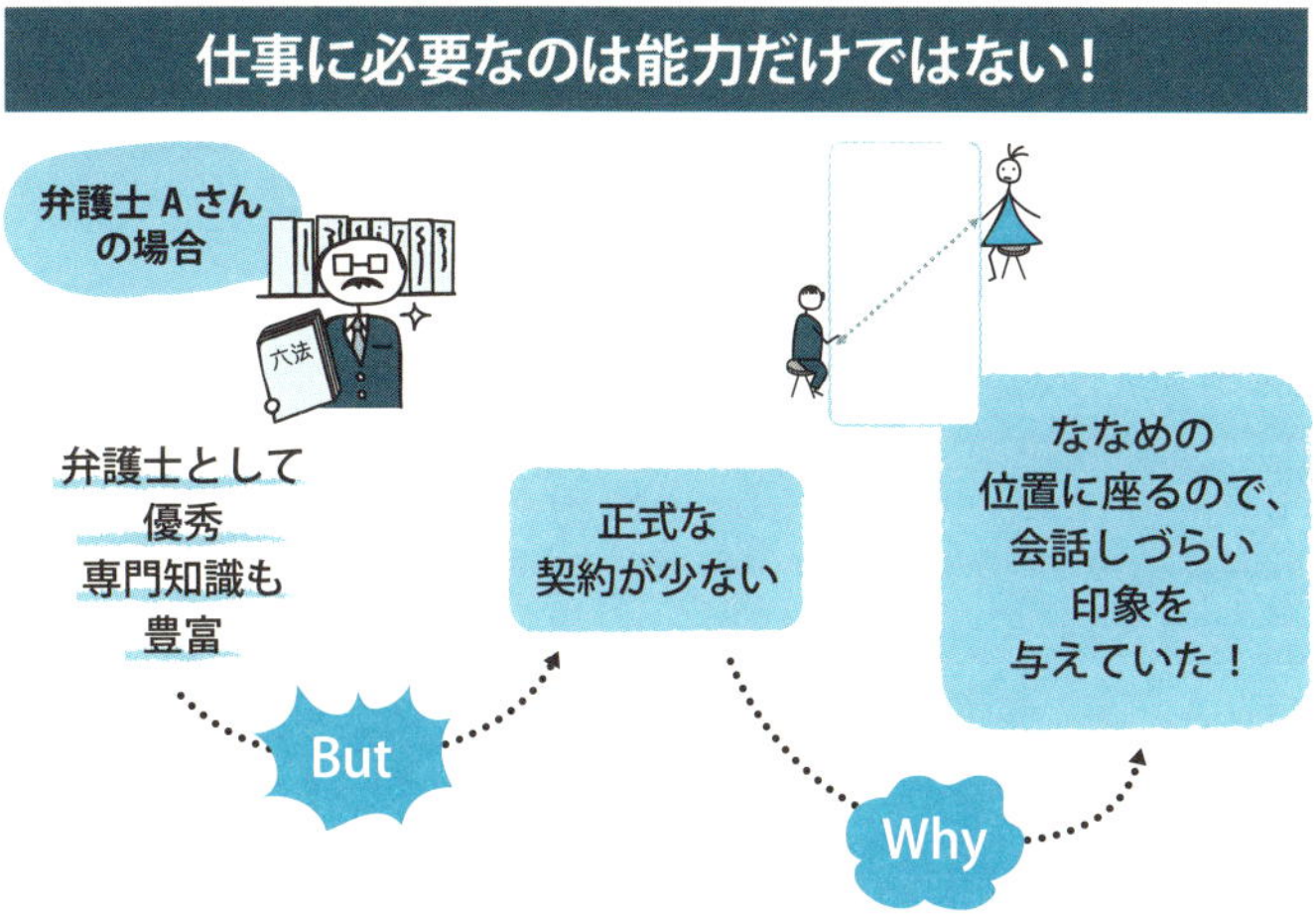
仕事に必要なのは能力だけではない！
弁護士Aさんの場合
六法
弁護士として優秀
専門知識も豊富
But
正式な契約が少ない
Why
ななめの位置に座るので、会話しづらい印象を与えていた！

Aさんが相談者に依頼されない理由が、「どこに座るか」を間違えていることにあるのは明らかでした。

当社の応接机は、幅が80㎝、長さが１２０㎝のガラステーブルです。私の「日本人１０００人を対象にした快適対人距離実験」に基づいて配置しています。普通に座った場合、対面する相手と自分の顔の距離はだいたい１ｍから１・２ｍくらいです。それほど近いところで1人分ずれて座ると、話し手も聞き手も45度を向いて会話しなければなりません。

会議室などの大きな部屋であったり、相手が複数いたりすれば、一人分くらいずれても気にならないでしょう。しかし応接間などの机が小さい場所で、たった一人しかいない場合は、随分とずれたところに座っているなと感じます。これが座り位置の大きな問題です。

お互いに話しにくくなる場所に座ってはいけません。どこに座るかはとても大事なのです。

もちろん、親しい友人や恋人同士なら、ナナメどころか隣がいいですね。

座る位置に悩んだら尋ねよう

訪問先の応接室などに通され、座る場所に迷ったときは、先方の**秘書などに「どこに座ればいいですか?」と尋ねましょう。**相手が快適だと感じる位置を指定してくれるはずです。

相手の正面を大幅に外したななめの位置に座るのはNG

NG

狭い場所で１対１

常にななめを向いて
話さなければならないのはNG

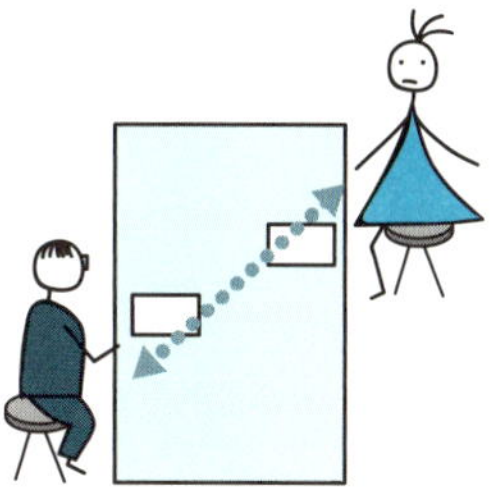

OK

広い場所のとき

一人分くらいのズレは
たいしたズレではない

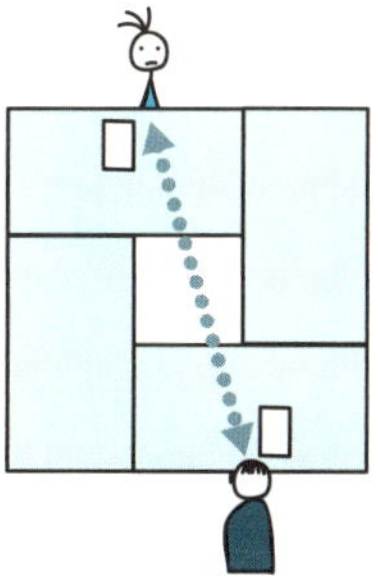

OK

複数人数のとき

ななめになることも
当然ある

座る場所に迷ったら、相手と相談しよう

秘書などがいなくて、自分で座席を選ばなければならない場合には、相手が来るまで立って待つという手もあります。
特に相手が目上や年上の場合、顧客やお得意様などの場合は上座《かみざ》に座らないように注意しなければいけません。

Column

胸の前での腕組みは猜疑心と防衛心の現れ

腕組みをして人の話を聞く人は、**支配欲求**と**自衛欲求**が強い人。「自分は偉い。あなたなんかに負けるもんか」と内心思っている人です。
もし、腕組みがクセになっているようなら気をつけましょう。知らず知らずのうちに、**「あなたを受けつけない」というサインを相手に発信してしまっています。**

（佐藤綾子／1995年）

大人数相手に
アピールする

09

大きな会場で話すときの顔の向き

★大勢の前で話すときは聴き手をまんべんなく見つめる
★顔は〝左右均等〟に振るのが基本
★話す前に会場全体に視線を配り、注意を集める

スピーチでは聴衆全員に視線をデリバリーしよう

ピザのデリバリーはご存じかと思いますが、視線にもデリバリーがあります。

大きな会場で講演する場合などは、**頭部（首）ごと向きを変えて、聴衆をまんべんなく見つめます**。つまり、頭を左右に振りアイコンタクトをデリバリーするのです。

聴衆全員に顔を向けて話すことで、遠く離れた場所に座っている人にも「視線が合った」と思わせることができます。**視線だけでなく、頭部ごと向ける**ことが大切です。遠くの人にも、あなたがどこを見ているのかがはっきりとわかるからです。

模範となるのはオバマ大統領の第1回就任演説です。全体の就任演説時間19分20秒のうち、観察可能な14分24秒の中で、彼が会場の右側と左側に頭部を振った回数をそれぞれ実験用の0・5秒単位の動画を使って数えました。すると、ほぼ左右同じ62回と64回でした。

ヘッドムーブメント（顔の向き）を扇のように均等に広げて動かしていることがわかります。

スピーチがうまくなると頭と手がよく動くようになる

では、日本人はどうでしょうか？　安倍晋三首相を例に見てみましょう。

２００６年の所信表明、２０１３年の第二次安倍内閣発足、そしてオリンピック招致プレゼンの３つをサンプルに、ヘッドムーブメントを観察してみました。

オリンピック招致プレゼンは全体時間5分12秒中、顔がよく映っていたのは3分44秒でした。所信表明、第2次安倍内閣発足も時間を合わせて3分44秒を計測しました。そうして比較してみるとおもしろいことがわかりました。

オバマ大統領の就任演説で見る「理想の頭と手の動き」

日時　2009年 1月20日		
演説全体時間	19分 20秒	
計測可能時間	14分 24秒	
瞬き回数	394回 （20回／1分間）	これは日本人の平均をはるかに下回る数字です
アイコンタクト	7分15.6秒 （31秒／1分間）	二者間で対話するときの日本人の平均とまったく同じでした
視線フォーカス	センターから左へ　62回	右と左を均等に見ています
	センターから右へ　64回	
アイクローズド	0回	バッチリと目をつむることは一度もありませんでした
アンフォーカスト	0回	目がキョロキョロするアンフォーカストの目つきはゼロでした

（佐藤綾子ゼミ・オバマ研究班調べ／2009年）

所信表明は、中央から右に頭部を動かしたのが16回、左へも16回。回数的にはそろっています。第2次安倍内閣発足では中央から右に18回、左に22回。**ヘッドムーブメントが明らかに増えています。**そしてオリンピック招致プレゼンは非常に見事で、右に22回、左へも22回でした。

アームムーブメント（腕の動き）は、所信表明では0回だったのが、第二次安倍内閣発足では6回、オリンピック招致プレゼンでは76回も腕が振り上げられていました。

つまり安倍首相は**プレゼンが上手になるにつれて、頭や手の動きが増えてパワーが演出されました。**

スピーチが上手くなる3つのポイント

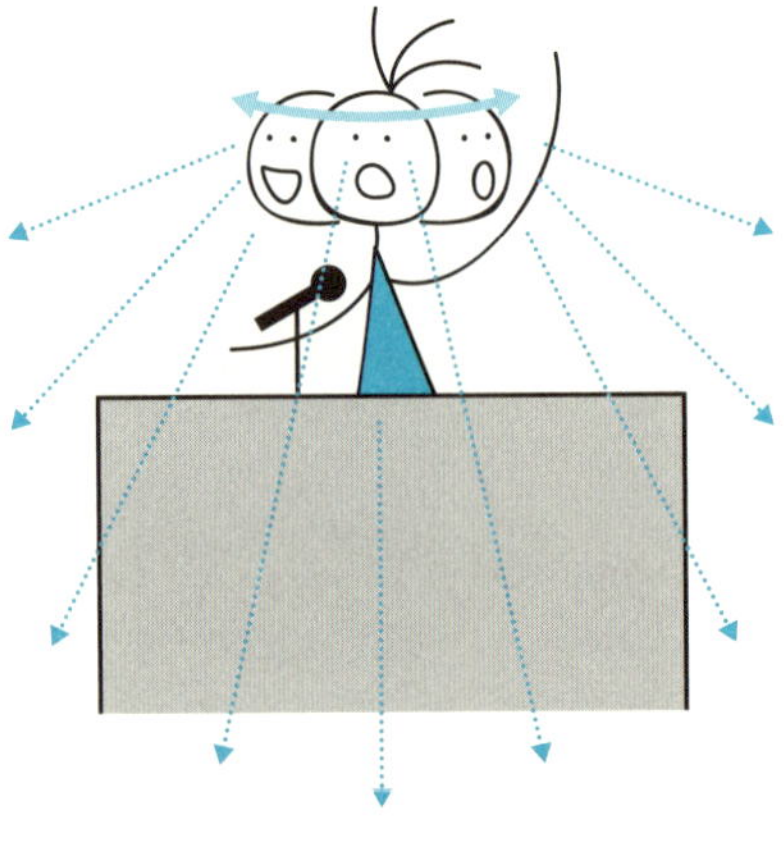

- 首ごとゆっくり向きを変える
- 会場中、左・右・中央等しく見渡す
- 強調するポイントで腕を振り上げる

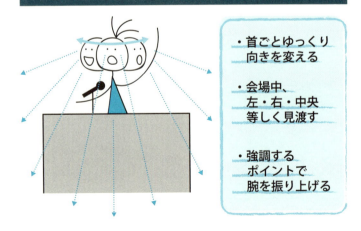

話し出す前にヘッドムーブメントしよう

大きな会場になればなるほど、身体全体を使って話すのがおすすめです。

登壇してまず最初の挨拶をするときに、**首を左右にゆっくりと振りながら、頭部を全体に向け、視線を配ります。**そうすると、聴衆はあなたに対して「さあ聞こう」という姿勢ができます。

十分に聴衆全体を引きつけてから話をスタートさせましょう。

Column

腕は大きくてわかりやすいメッセージの伝達ツール

演説をしている政治家は、よく腕を肩の上まで振り上げます。

自信があるとき、強調したいときは、意識的に腕を高く上げると、相手に迫力が伝わっていきます。

必要な強調点で、腕をガンと振り上げる動作を覚えると効果的です。ただしやりすぎて「オーバーアクション」にならないよう要注意。

大人数相手に
アピールする

10

相手との距離や人数で動作のサイズを変えよう

★相手との距離に応じてジェスチャーを変える
★遠い場所にいる相手には大きな動作をしないと伝わらない
★相手の人数が多い場合、ゆっくりと大きな動作をする

遠くの相手と近くの相手ではジェスチャーを変える

動作は大きいほうがいいのかというと、そうではありません。**相手との距離や相手の人数によって動作のサイズを変える必要があります。**

たとえば、遠くにいる人に「急いでこっちにおいで」という場合は腕を大きくぐるぐる回

し、しかも加速度的に早くする必要があるでしょう。

けれど、目の前80㎝の距離の人にそのようなジェスチャーは必要ありません。手のひらを少しだけ上に向けて、指先を少しだけ曲げて「こちらに来てください」というサインでじゅうぶんです。

相手が遠いときは大きく、近いときは小さい動作に

「こちらに来て」「私の話を聞いて」「静かにして」などの言葉の代わりに意味を持った動作を「表象動作（エンブレムズ）」と呼ぶとお伝えしました。

一番なじみのある表象動作は、騒がしいとき

ジェスチャーの原則は「遠い人には大きく」「近い人には小さく」

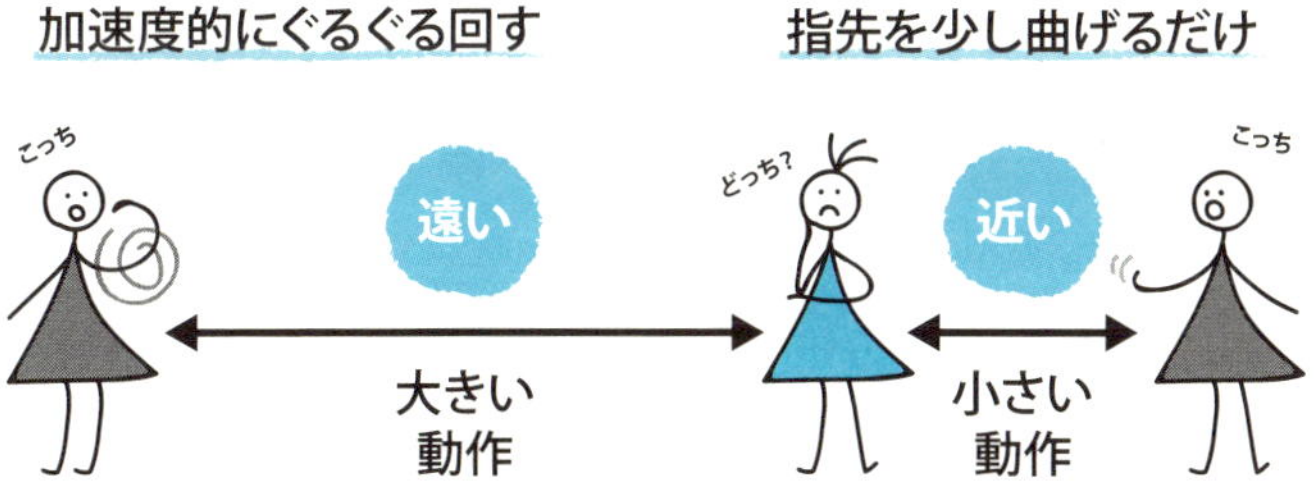
腕を大きく、
加速度的にぐるぐる回す
手のひらを上に向け、
指先を少し曲げるだけ
こっち
遠い
どっち？
近い
こっち
大きい
動作
小さい
動作

に自分の人さし指を唇に当てて「しぃー」とする「静かにして」という動作でしょう。

遠くで騒がしくしている相手の場合、唇の前で指を立てているだけでは伝わりません。肘から動かして腕ごと「しぃー」というポーズを自分の唇の前に運んでいきます。

相手との距離が近いときは小さなジェスチャー、相手との距離が遠いときは大きなジェスチャーという原則に従いましょう。

相手が大人数の場合、注目を集める必要がある

相手の人数が少なければ、いやでも相手はあなたに注目します。たとえば、1対1のとき、あなたの動作を見落とす人はまずいないでしょう。

ところが、相手が大勢であなたを会議室で待ち構えているとします。あなたがとりわけ業績を上げている人でもないなら特に、相手方は注意散漫な状態であなたに対面することになります。だから、注目を集めるために大きなジェスチャーが必要なのです。

まず、「ここにこられて嬉しいです」と自分のお腹のやや下で両手のひらを重ねながら深くお辞儀をします。顔を上げるときはスローモーションビデオのような感じでゆっくりと上げてください。

相手が大人数の場合の注目の集め方

1 深くお辞儀をする

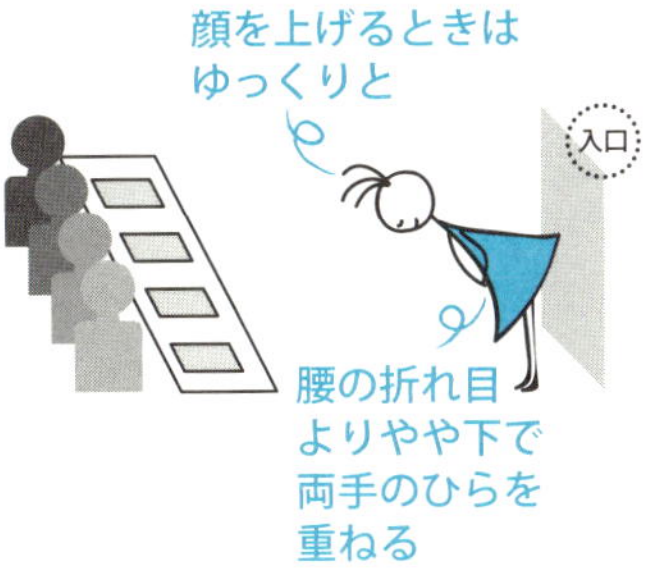

**2 一番の重要人物を
しっかりと見る**

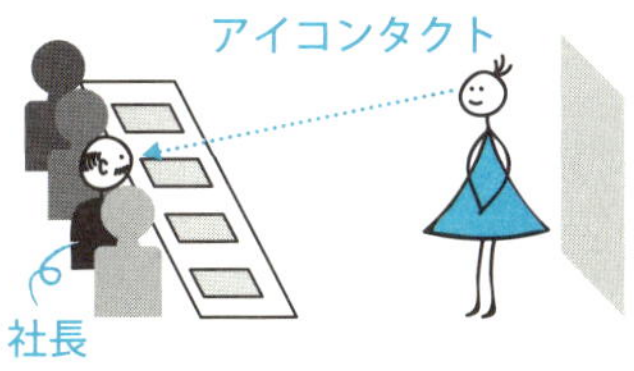

**3 そのほかの人とも一人ずつ
自然に目を合わせる**

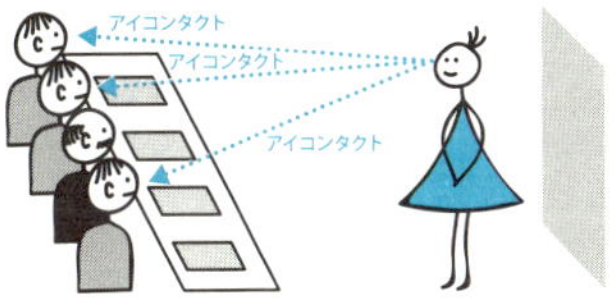

**4 所定の位置へ
移動する**

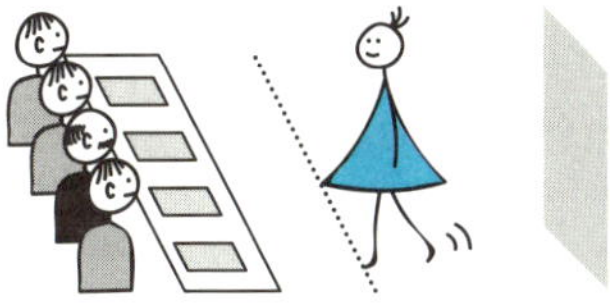

人数が多い場合ほど、ゆっくり大きく動く

そして、集団の中で一番の重要人物をしっかりと見て、アイコンタクトをじゅうぶんにとり、ほかの人とも一人ずつ軽めのアイコンタクトをとっていきます。それから部屋の所定の位置まで入っていくのです。

人数に比例してジェスチャーを大きくし、かつ、そのジェスチャーの速度をゆっくりに——しっかりと覚えましょう。

Column

成功者は、自分が大きく見える動作を身に付けている

周りの人の注意をひこうと思うと、動作を大きくしたり胸を張ったりして、自分が目立って見えるよう工夫をするものです。

成功者が授賞式で話をするために登壇した姿を見ると、だいたいの場合、その人が大きな人だと感じます。

それは、**成功者の多くが大きく目立って見えるよう動く習慣が日頃から身に付いている**からでしょう。

できる人・好かれる人になるためのドリル①

問題1

仕事ができる人の歩き方は？

A 謙虚に少し前かがみになる

B 背筋をまっすぐ伸ばす

問題2

目的に向かって歩く、
最短距離の道筋をなんという？

A ビーライン

B スネークライン

問題3

15m先にいる相手に対して
気をつけることは？

A 口角を上げて笑顔を見せる

B 背筋を伸ばす

問題4

自分では気付かないうちに、
年齢が判断される。その姿とは？

A 後ろ姿

B 座り姿

問題5

日本の男性と女性それぞれの
対人距離の平均は？

A 男性 108 ㎝、女性 118 ㎝

B 男性 118 ㎝、女性 108 ㎝

問題6

遠くにいる相手に、「静かにして」
と伝えるのに適切な動作は？

A 片手の人さし指を唇に当てる

B 肘を動かして腕ごと「しぃー」
というポーズを唇の前に運ぶ

答え

問題1／B （→24ページ）
問題2／A （→34ページ）
問題3／B （→39ページ）
問題4／A （→44ページ）
問題5／A （→49ページ）
問題6／B （→70ページ）

第2部

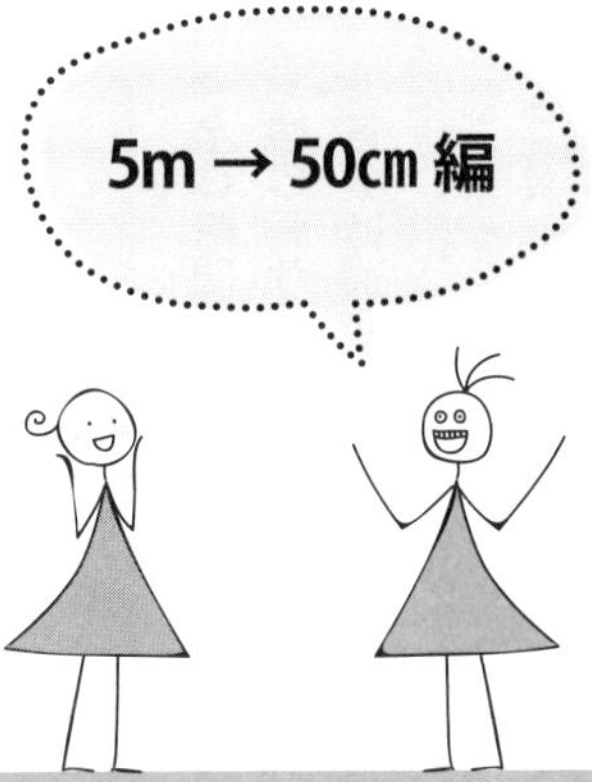

心をつかむ・信頼される「顔つき・表情」

笑顔の作用を利用する

01

1分間あたり34秒以上、笑顔でいる

★全体時間の半分以上笑顔で会話をすると快適な時間になる
★唇の両サイドを引き上げ、意識的に笑顔をつくると楽しい会話に感じられる
★言葉は通じなくても、笑顔が気持ちを伝えてくれる

笑顔は会話を弾ませる最高の原動力

あなたの話を聞きながら、相手が微笑むと、自分が受け入れられたような気持ちになってうれしくなりますよね。逆に、無表情にただ話を聞いているだけだったら……。気詰まりで話すのを止めたくなるでしょう。

このように**笑顔には、相手の話を弾ませたり、止めたりする「言語調整動作（レギュレーターズ）」という役割があります。**

では、私たちは人前で、だいたいどれくらいの時間笑っているでしょうか。二者間での対話の実験をしました。相手と話していて「快適な会話」の笑顔の時間を調べると**1分間あたり平均34秒**です。つまり、半分以上の時間、相手が笑顔だと快適に感じるのです。

表情統制で意識的に笑顔を浮かべよう

口の周りの筋肉は、「あいうえお」という音と言葉の使い分けのために、いろいろな形に動きます。縦に長くなったり、横に長くなったり、閉じたり……。

けれど、ただ話すためだけに口の周りの筋肉（口輪筋）を動かすだけでは不十分。相手に「おもしろい話ですね」と楽しさや喜びの感情を伝えるためには、発声のための動きだけでなく、**唇の両サイドをほんの少し上に引き上げる、意識的な「スマイル」の表情が必要**です。

笑うことに使う筋肉を総称して「笑筋《しょうきん》」と呼びます。口の周り、目の周り、頬の筋肉、これらが緩んでいるのがスマイルです。

笑顔などの**表情を意図的につくることを「表情統制（フェイシャルコントロール）」とい**

人と話すときは笑顔でいよう！

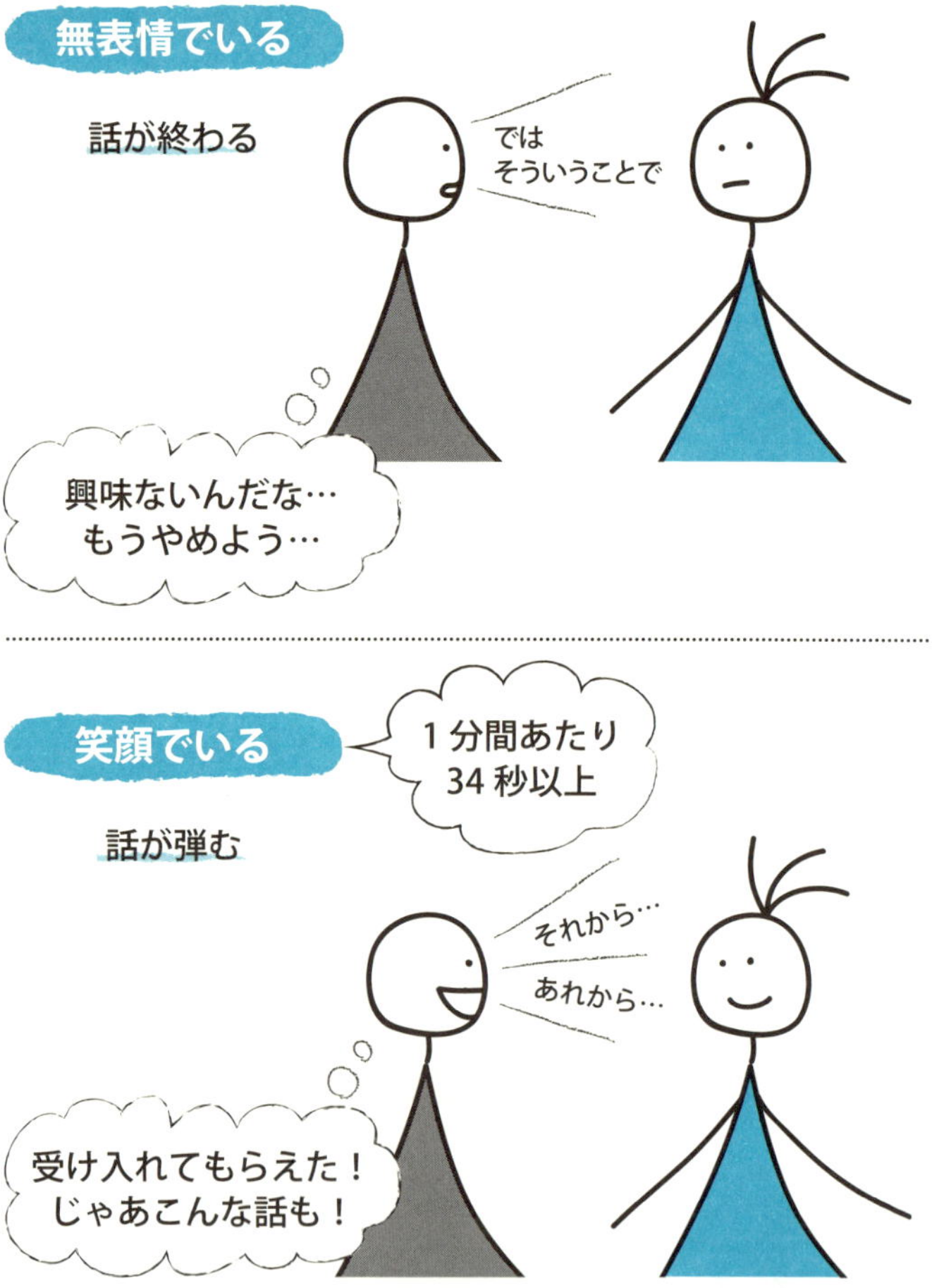

笑顔には話を弾ませる役割がある

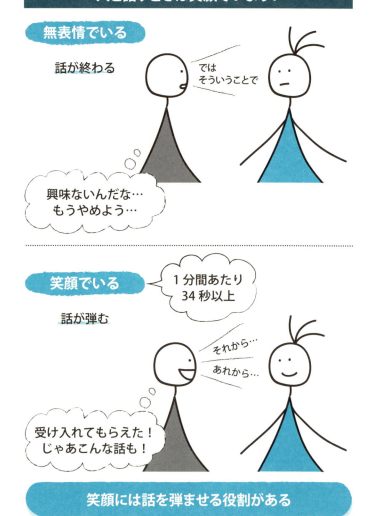

います。

モデルさんが微笑んでいるポスターの写真を思い浮かべてください。口は確かに笑っていますが、目が妙にキツかったりします。

楽しい気持ちがまるでないのに、表情筋を無理矢理コントロールしてつくった笑顔には、見る側としては、わざとらしさを感じる場合があるのです。

笑顔は、言葉や挨拶の代わりになる

「おはよう」「こんにちは」など日本語のわからない外国人に挨拶をするときの話です。にっこりと微笑みかけて、挨拶の気持ちを伝えましょう。この場合は、**笑顔が親しみの言葉や挨**

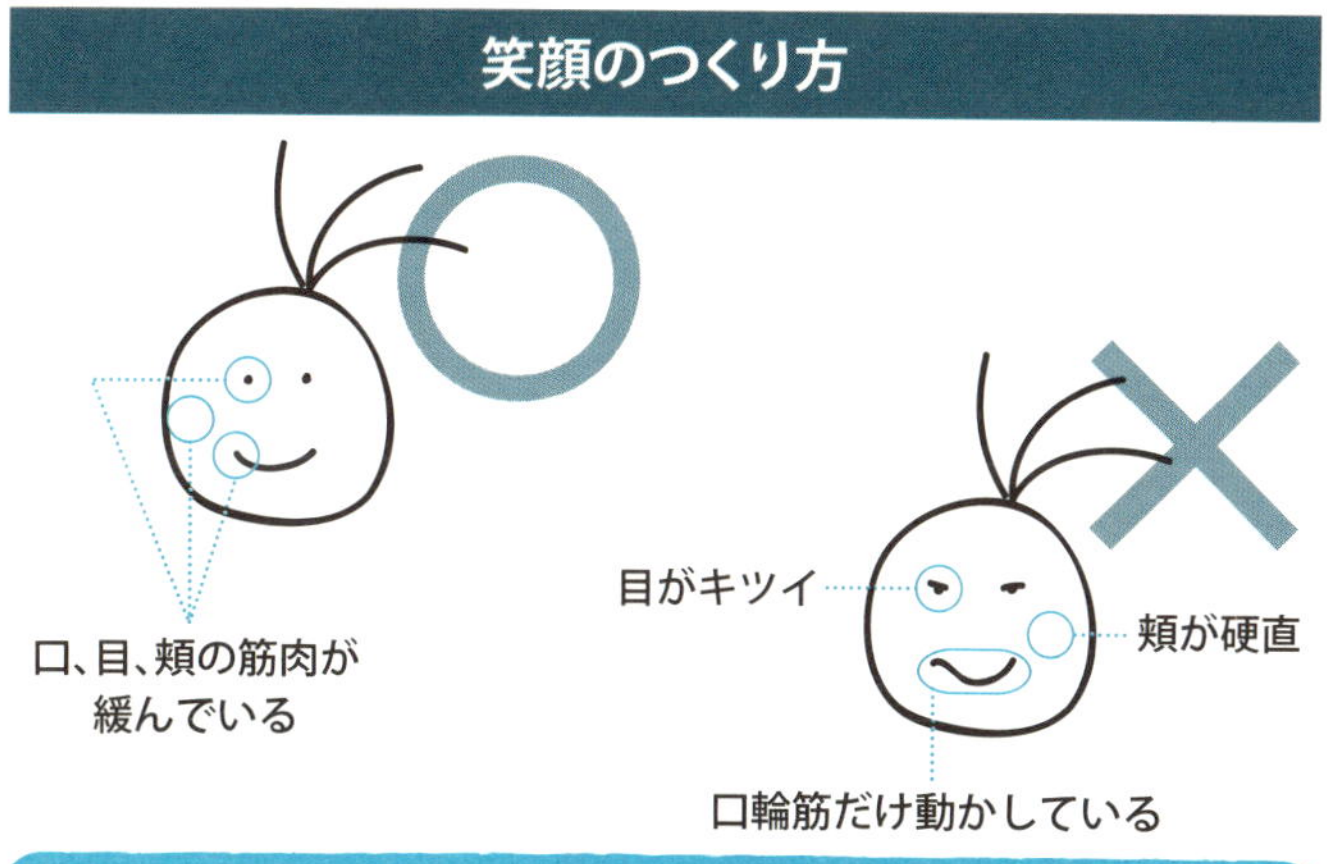
笑顔のつくり方
口、目、頬の筋肉が緩んでいる
目がキツイ
頬が硬直
口輪筋だけ動かしている
気持ちを込めて表情筋全体を動かそう！

拶の言葉を代行することになります。

このような笑顔は、相手と親しくなりたいという親密欲求から出ているので、自然なものになります。

笑顔は秒数を守ることも大切ですが、**本当に楽しいという気持ちや感謝、親しくなりたいという気持ちを込めて、すべての表情筋を動かすことが最も重要**なのです。

Column

笑顔がもつ3つの効果

①相手の警戒心を解く：特に初対面の相手に
②相手に親密感を伝える：仲良くなりたい人に
③相手のやる気を喚起する：同僚や部下に

笑顔の作用を利用する

02

「3つのスマイル」を使いこなそう

★スマイルは大・中・小３つの使い分けができる
★大笑いしているうちに楽しくなる効果を意識する
★大きな笑いは相手との距離を近づける

スマイルの大きさは3種類

世界に先んじて笑顔の外見上の印象を研究した組織のひとつにハワイ大学があります。彼らはスマイルを次の大・中・小３つに分類しました。

・**小さなスマイル（クオータースマイル）**……歯が2本ほど見えている状態／相手の話に関心があるとき

・**中くらいのスマイル（ハーフスマイル）**……歯が4本ほど見えている状態／話が少し転がってきたとき

・**大きなスマイル（フルスマイル）**……歯が8本以上くっきり見えている状態／とてもおもしろい場面にきたとき

しかし、今はこの分類をあまり使いません。唇の形、口の構造、歯の生え方には個人差があるからです。

そこで現在では、**口の周りの「笑筋」が大きく動いているかどうかが基準**となっています。

笑顔を3つの大きさで使い分ける方法

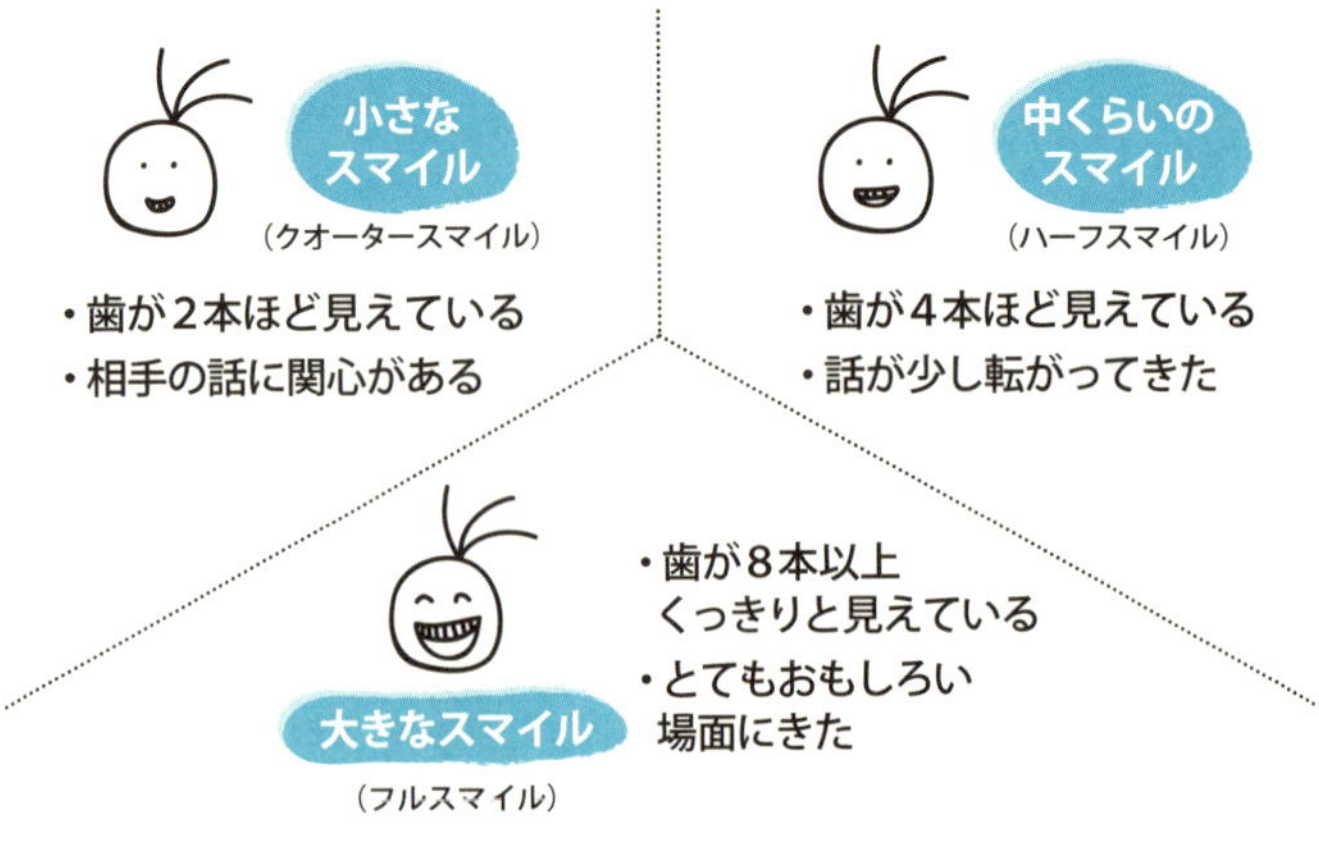

小さなスマイル
（クオータースマイル）
・歯が2本ほど見えている
・相手の話に関心がある
中くらいのスマイル
（ハーフスマイル）
・歯が4本ほど見えている
・話が少し転がってきた
・歯が8本以上くっきりと見えている
・とてもおもしろい場面にきた
大きなスマイル
（フルスマイル）

おもしろくなくても大笑いすれば楽しくなる

「**笑い講**」という日本の古い祭があります。本当におもしろいことがあるわけではないのに「ワッハッハ」と声をあげて笑います。はじめはぎこちなくても、目の前の人の奇妙な顔を見たり、自分の顔も変だろうと想像するうちに、だんだんと本気で笑ってしまいます。そして、最後はお腹をかかえて笑い転げることになるのです。

「笑う」という動作は、喜びや楽しさ、滑稽さやおもしろさなどの感情が心の中に込み上げることで、脳から表情筋に対して「動け」と命令がいき、引き起こされます。

しかし「笑い講」は、逆方向で成り立っていることがわかります。**おもしろくなくても、大笑いするうちに楽しくなり、連帯感まで持ってしまう**のです。

笑っているから楽しくなってくる

「笑い講」で使うスマイルは、とびきり大きなスマイルです。相手と「ここはひとつ、一気に仲良くなろう」というときに小さなスマイルでは不十分です。**ケラケラと笑う、あるいはお腹を押さえて笑い転げるくらいの大きなスマイルが有効**です。笑っているうちに、気持ち

楽しくなくても笑ってみよう！

無理にでも声に出して笑う

本当に楽しくなってくる

笑いは逆方向でも成功する

も楽しくなり、さらに笑いが広がるのです。

「笑い」と「楽しい気持ち」はいつも、コインの裏表のようにワンセットです。

フランスの哲学者アランの、世界的にも有名な言葉をご紹介しましょう。

「人は幸福だから笑うのではない、笑うから幸福なのだ」

辛いことがあったときこそ、積極的にフルスマイルで笑ってみてください。

Column

仏教でも笑顔の大切さが説かれている

仏教の経典に、「**和顔愛語**《わげんあいご》」という言葉で「笑顔」についての教えがあります。

仏教では他人への施しを「布施《ふせ》」といいますが、お金や財産がなくても、布施はいくらでもできると教えられています。

そのひとつが、**「やさしい笑顔で人に接すること」**なのです。

笑顔の作用を利用する

03

笑顔を出すべきとき、出してはいけないとき

★「スマイル仮面」というストレスの原因は「ものの見方」にある
★ポジティブな考え方をすると自然な笑顔が生まれる
★笑顔を出してはいけないときがある

「スマイル仮面」というストレスを感じる人たち

百貨店の営業研修で、次のような質問を受けたことが何度かあります。

「前日に家庭で嫌なことがあっても、いったん売り場に立ったらニッコリしなくてはなりません。毎日こんなことを続けていると、仮面のように顔が固まってしまいそうです」

アパレル販売員のトレーニングでも同じような意見がありました。

「お客様を笑顔でお迎えしなさいといわれます。でも、おかしくもないのに笑うなんて、自分の気持ちをごまかしているように思います」

楽しい感情が先にあって、それに引っ張られて表情筋が自然に動き出す――それが本物のスマイルだとするなら、「つくり笑顔」はニセモノの笑顔ということになります。そんなスマイルを繰り返している自分を「スマイル仮面」あるいは「詐欺師」のように感じることがあるかもしれません。

ポジティブな見方に自分の考えを切り替える

解決法をお教えしましょう。

「毎日、新しい出会いがあるのは素晴らしいことだ」と、自分の「ものの見方」を切り替えるるのです。これは、心理学で**認知行動療法**と呼ばれています。もしあなたがお店の販売員で、毎日の出会いをポジティブにとらえられたら、あなたの笑顔にリピーター続出となるかもしれません。

「何もいいことがないのに、わざわざスマイルしている」と思うと、笑顔がこわばります。

ポジティブに考えれば、自然と楽しくなる

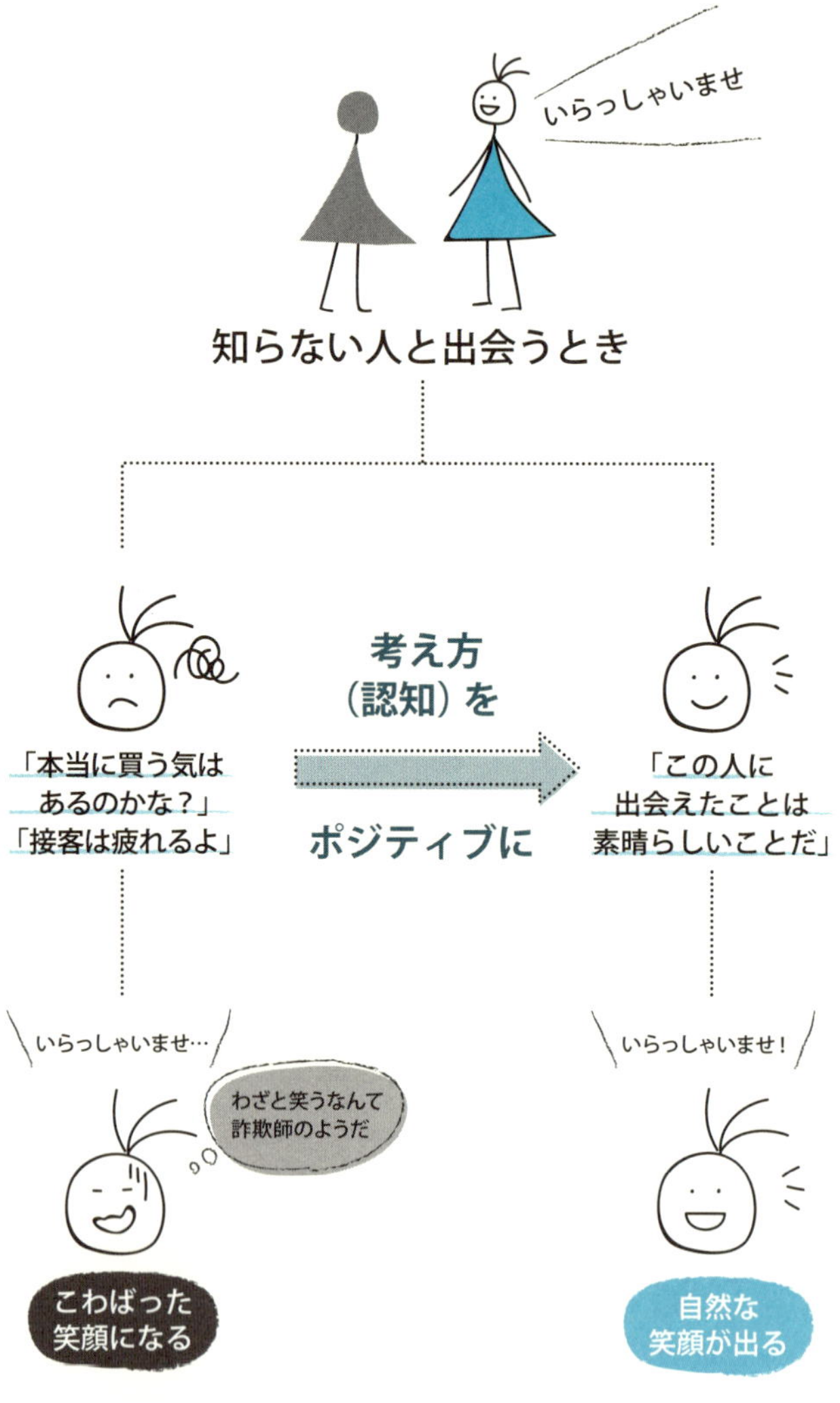

そうではなくて、「目の前に人がいることがうれしい」「これで何か新しいビジネスチャンスが始まるのだ」と考えれば、自分の感情をポジティブに切り替えることができます。

前述したアランの言葉「幸福だから笑うのではない、笑うから幸福なのだ」を思い出してください。**「ものの見方」を切り替えて笑顔を出すことで、幸福感は後からやってくる**のです。多くの脳科学者も笑顔の効果を証明しています。

笑顔を出してはいけないときがある

逆に、笑顔を出してはいけないときがあります。

いつでも笑えばいいというわけではない！

余裕がない
喪服
落ち込んでいる
笑顔は控えよう

相手が逆境にいるとき、笑顔は逆効果。心の距離がひらいてしまう

目の前の相手が、何か辛いことを抱えていそうだ、と気づいた場合です。

たとえば、百貨店に買い物にきたお客様が、喪服を着ていたとしましょう。当然、何か悲しい出来事があったわけです。そこに満面の笑みで「いらっしゃいませ」と迎えるのは、避けたほうがいいでしょう。

相手が逆境にあるとき、明らかに沈み込んでいるときも笑顔を控えるべきです。フルスマイルで迎えた場合、相手はあなたとの心の距離を大きく感じて、引いてしまうでしょう。

Column

よい自己表現は、自己実現への第一歩

人間の基本的欲求は次の5つです。

①生理的欲求
②安全・安定への欲求
③所属の欲求
④他者からの承認の欲求
⑤自己実現の欲求

アメリカの心理学者 A. マズローは、自己表現欲求を満たすことが自己実現のための条件だといっています。

アイコンタクトの使い方

04

相手の心をつかむ最初のアイコンタクト

★人は出会いの1秒で相手を判断する
★初対面で最も大切なのは「目の印象」
★目に感情を込めて気持ちを相手に伝える

ファーストコンタクトでここまで見られている

「どんな顔をして何を話そうか」と迷ったまま、相手の目の前に立っていませんか？

迷っていると、私たちは、出会いの瞬間に相手の目を見つめることができません。

アメリカの心理学者T・ウィルソンが視覚情報に関する「**適応的無意識**」という研究デー

タを発表しています。私たちは**出会いの1秒で、視覚から1100万要素の情報を入手し、そのうちの40要素を脳で処理する**というものです。

見えていることがたくさんあるのは相手にとっても同じ。相手側も、あなたがどんな人か、瞬時に脳で処理しているのです。

目の印象がすべてを決める

初対面のとき、相手はあなたの目の様子から、瞬時にあなたのことを判断しています。

「出会いの一瞬の勝負は、目と目の勝負だ」と心得てください。しっかりと相手を見て、「自分はあなたに会うことに、喜びを感じている」という気持ちを、目に込めてください。これが俗にいう「**目力**《めぢから》」です。

出会いは一瞬が勝負

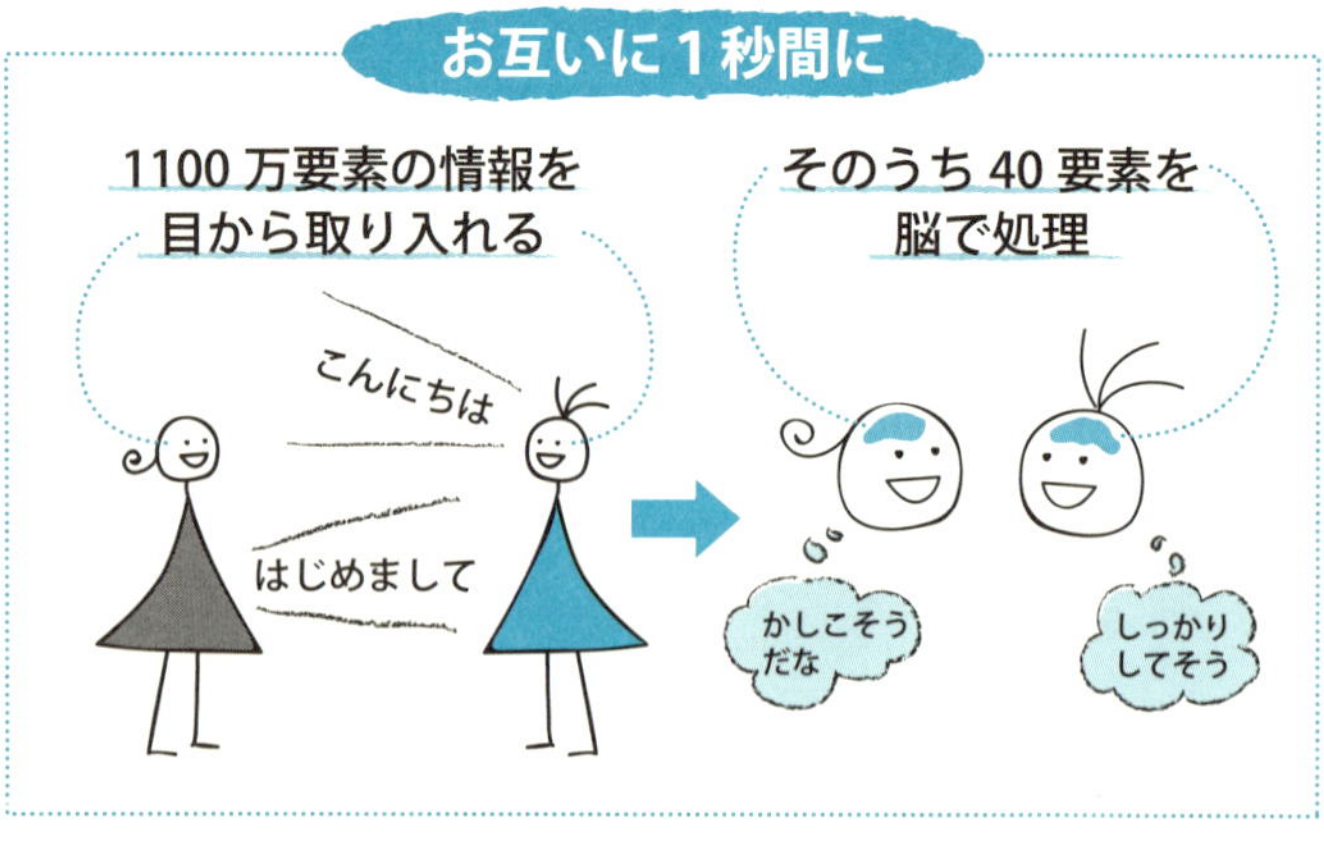
お互いに1秒間に
1100万要素の情報を目から取り入れる
そのうち40要素を脳で処理
こんにちは
はじめまして
かしこそうだな
しっかりしてそう

日本には昔から「目は心の窓」ということわざがあります。英語でも「Eyes talk(目は話す)」といいます。

「目」が自分の印象を伝え、自分のもつエネルギーや戦う力を表すということを、昔の人は経験的に気づいていたのです。

目に力がないと気持ちも伝わらない

焦点が定まっていないと自信のなさが相手に伝わります。

視線がうろついているとき、目以外の表情筋の動きは止まります。これがいわゆる「無表情」です。**「無表情」のときは、視線の力も抜けるため、相手にインパクトを与えることができま**

出会いは一瞬が勝負

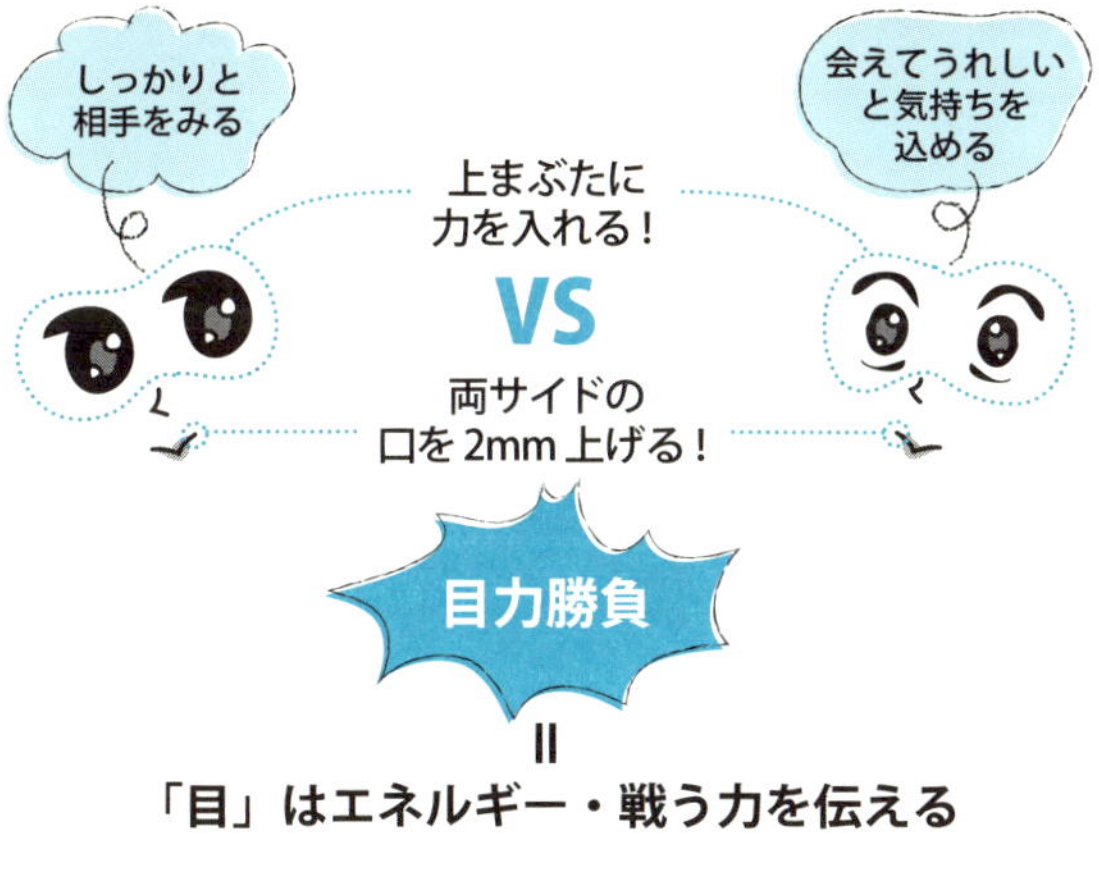
しっかりと
相手をみる
会えてうれしい
と気持ちを
込める
上まぶたに
力を入れる！
VS
両サイドの
口を2mm上げる！
目力勝負
＝
「目」はエネルギー・戦う力を伝える

せん。

無表情になるのは、心理学でいう「服従欲求」の発信でもあります。自分をできない人に見せて、相手を油断させたいときには役立つ表情といえるでしょう。

力強く見せたいのなら、上まぶたの筋肉「**上眼瞼挙筋**《じょうがんけんきょきん》」に力を入れましょう。同時に、上まぶたを強く引き上げ、目を大きく見開きます。そして、目に力を入れて、相手を見つめ、「こんにちは」と話しはじめるのです。

そのとき「あなたに会えてうれしいです」という気持ちを目に込めます。すると、口の両サイドにある小さな筋肉「**口角挙筋**《こうかくきょきん》」も一緒に2㎜ほど上がります。

つまり、**小さめのスマイルをつくって、目に**

自信のなさは目で伝わる

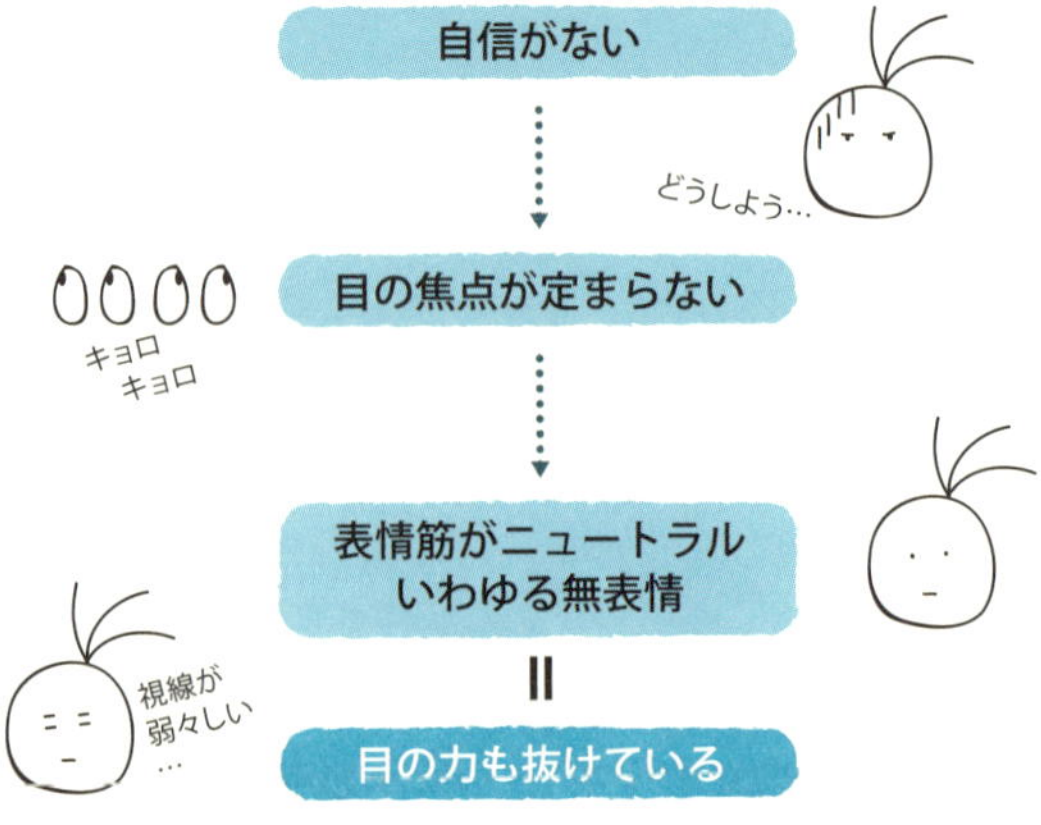

自信がない
どうしよう…
目の焦点が定まらない
キョロ
キョロ
表情筋がニュートラル
いわゆる無表情
=
目の力も抜けている
視線が
弱々しい
…

力を込めて「お会いできてうれしいです」と伝えるのです。こうすることで相手の気持ちをつかむことができるでしょう。

Column

日本人はアメリカ人より顔の表情を重視する

日本人とアメリカ人の「好意の内訳」について調べた結果です。**日本人のほうがより「顔の表情」を重視**しています。

「好意の内訳」日米比較

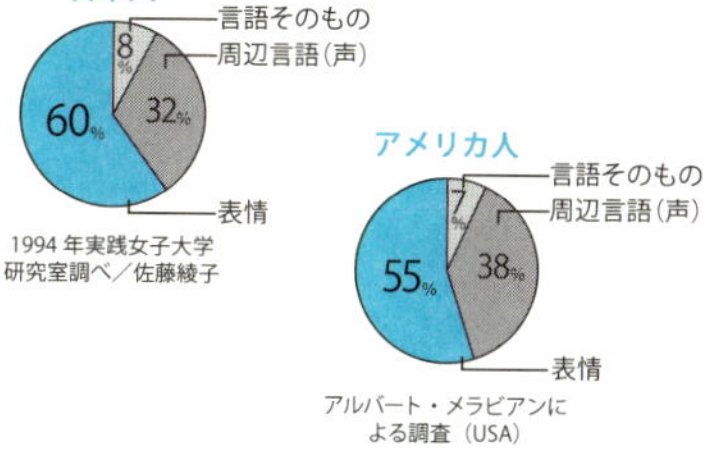

1994年実践女子大学研究室調べ／佐藤綾子

アルバート・メラビアンによる調査（USA）

アイコンタクトの使い方

05

アイコンタクトは1分間あたり32秒以上

★アイコンタクトは「方向性」「長さ」「強さ」から構成される
★1分間あたり32秒以上が理想的
★目を見開くと相手に対する関心が伝わる

目の中心を長く見続けるのはNG

アイコンタクトは、日本語に翻訳すると「視線の接触」。具体的には3つの要素から構成されます。

(1) 見つめる「方向性」

（２）見つめる「長さ」

（３）見つめる「強さ」

「方向性」とは、相手のほうを向いてちゃんと見ることです。

とはいえ、黒目の中心をじっと見続けたら、相手は圧迫感を感じます。これは心理学で「**視線恐怖**」と呼ばれます。対人恐怖症の人の大半が視線恐怖症であることは、森田正馬らによる臨床研究で報告されています。

両目の面積すべて、そして鼻のタテ2分の1までを結んだ扁平二等辺逆三角形のあたりを見つめれば、相手はあなたがアイコンタクトを保っていると感じます。これは「アイカメラ」という特殊なカメラを被験者に装着してもらい、私の実験室で証明したものです。

アイコンタクトは1分間あたり32秒以上が理想

二人で対話するとき、理想のアイコンタクトの「長さ」は1分間あたり32秒以上です。一方的なプレゼンで相手や多くの人を引きつける場合は、もっとアイコンタクトを増やす必要があります。

ちなみに安倍首相のオリンピック招致プレゼンでのアイコンタクトの秒数は、5分12秒の

日米トップの表情と動作の比較

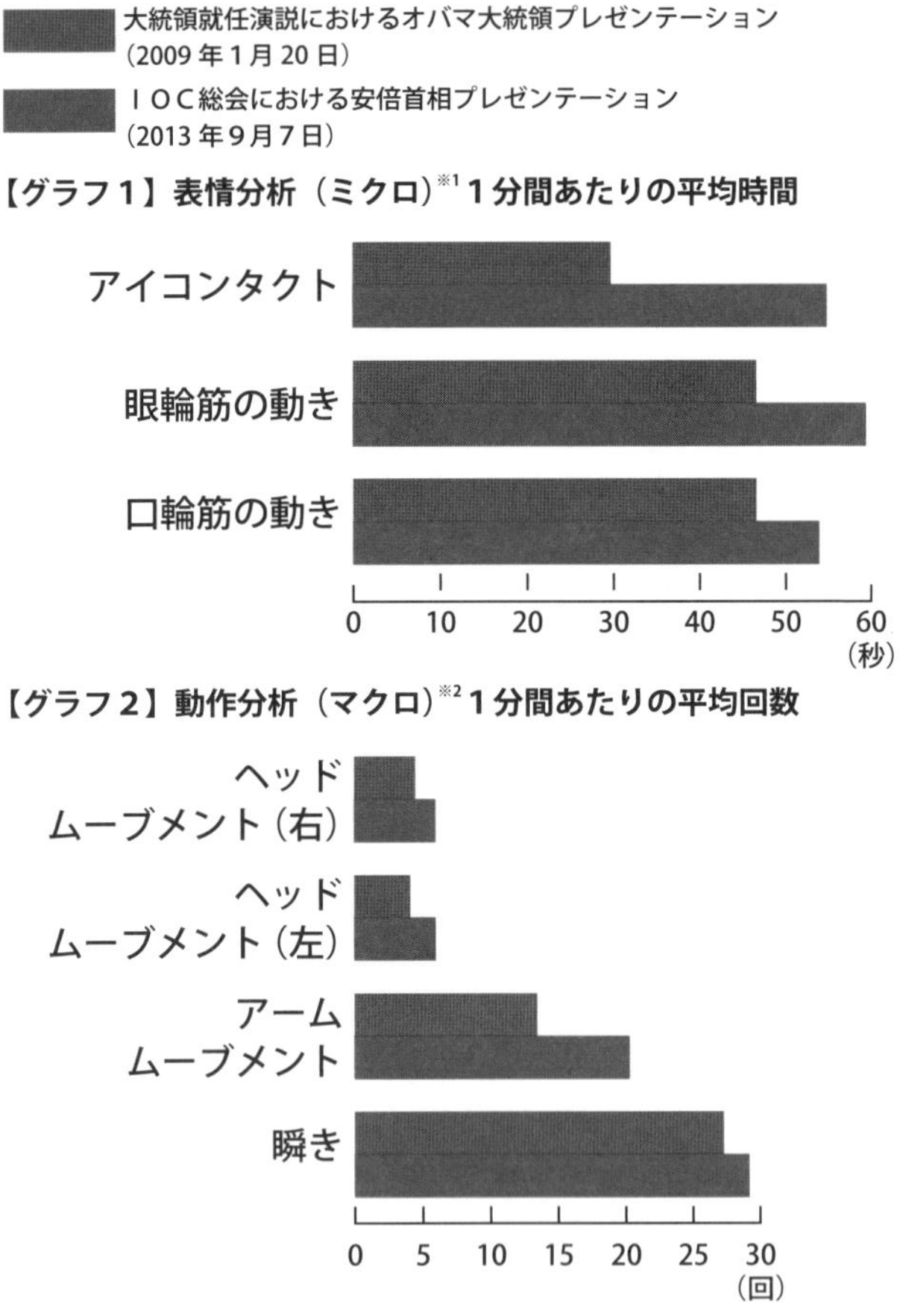
大統領就任演説におけるオバマ大統領プレゼンテーション
（2009 年 1 月 20 日）
ＩＯＣ総会における安倍首相プレゼンテーション
（2013 年 9 月 7 日）
【グラフ 1】表情分析（ミクロ）※1 1 分間あたりの平均時間
アイコンタクト
眼輪筋の動き
口輪筋の動き
0
10
20
30
40
50
60
（秒）
【グラフ 2】動作分析（マクロ）※2 1 分間あたりの平均回数
ヘッド
ムーブメント（右）
ヘッド
ムーブメント（左）
アーム
ムーブメント
瞬き
0
5
10
15
20
25
30
（回）

※1　表情分析（ミクロ）…瞬間的な表情の変化など秒数で計測できるもの
※2　動作分析（マクロ）…非言語表現のうち回数でカウントできるもの

日本人は表情が下手とはいい切れません。安倍首相がオバマ大統領を上回っています。これは安倍首相の練習の成果。ただし、瞬きが増えてしまったのは残念。国際舞台の緊張のためでしょう。

うち、3分27・5秒でした。ほぼ3分の2の時間、審査員たちの目を見つめていたのです。

目に力を入れながら聞く

アイコンタクトの「強さ」とは何でしょうか。

それは、**上まぶたの筋肉「上眼瞼挙筋」の張り具合**です。

相手の話がおもしろくないとき、だんだん上まぶたが下がって、ぼんやりしてしまうことがあります。つまり上まぶたの力が抜けているというのは「あなたの話に飽きました」というサインです。**相手にやる気がある、関心がある、敬意を払っているときは、上まぶたにクッと力を入れて、目を大きく見開きましょう。**

おでこにシワが出るかもしれませんが、相手

相手の心をつかむ理想のアイコンタクト

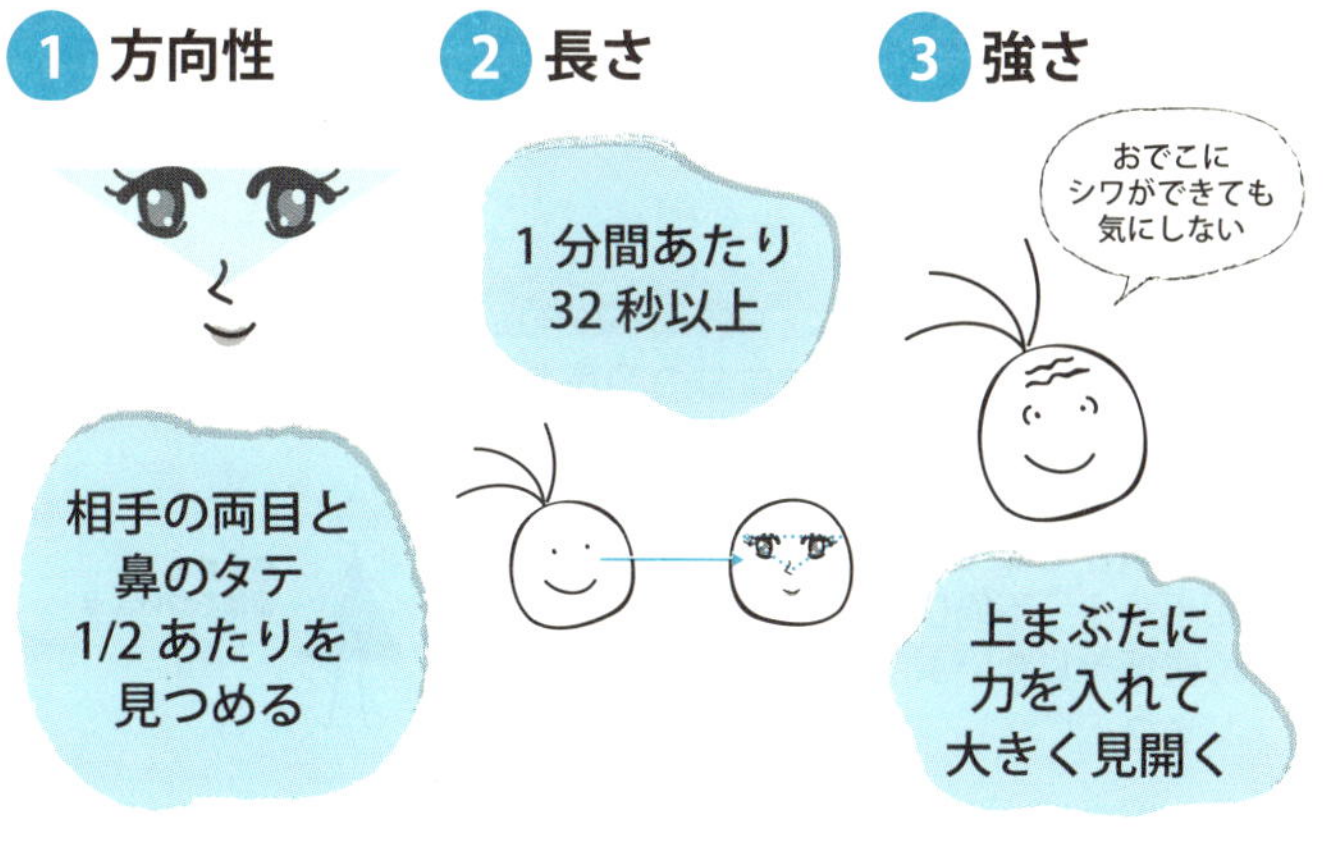

1 方向性
相手の両目と
鼻のタテ
1/2 あたりを
見つめる
2 長さ
1分間あたり
32秒以上
3 強さ
おでこに
シワができても
気にしない
上まぶたに
力を入れて
大きく見開く

に関心があることを伝えるには、目を見開く必要があります。
相手の心をつかむには、こうした努力は必須です。日頃、顔の表情筋を動かしていないと、上まぶたの筋肉も下がってしまいます。
日本人はシャイだからといっても、相手をきちんと見つめるのが基本です。国際的な対話場面などではインパクトで相手に負けてしまいますよ。

Column

自分の目で自分の姿は見えない

「**目は己の姿を見ることができない。何かに映してはじめて見えるのだ**」
（シェイクスピア「マクベス」1605 ～ 1610 年推定）

誰かと会っているとき自分の顔がどんな表情をしているか、自分の目では見ることができません。

日頃から鏡を見るなどして、相手から「不愉快だ」と思われる表情をしないよう気をつけましょう。

アイコンタクトの使い方

06

困惑と隠し事のサイン——適応動作のナゾ

★瞬きは、自信のなさ、落ち着きのなさを相手に伝える
★困っていたり隠し事があると、瞬きは増えてしまう
★瞬きは1分間あたり37回以下に抑えよう

日本人は1分間あたり平均37回瞬きをする

職場に新人が入社して自己紹介をしたときなどに「この人は瞬《まばた》きが多いなあ」と思ったことはありませんか？

瞬きに気がつかなくても、「ちょっと自信がなさそうだ」とか「落ち着かない人だ」と感

じたことはきっとあるはずです。

そういう人は、**日本人の平均回数「1分間あたり37回」よりも多く瞬き**をしています。

目を閉じるだけが瞬きではありません。上まぶたが少し下がるだけでも瞬きと数えます。

会議で相手が変な発言をしたとき、突然パチパチと瞬きをして、相手の顔を見る人もいます。もちろんドライアイの人は、たくさん瞬きをします。

前日飲み過ぎて寝不足で、目を開いているのが大変で、頻繁に瞬きをする人も見かけます。

若い女性たちがパチパチパチパチとたくさん瞬きをするのもよく目にします。これは、かわいく見せたいという願望が瞬きの回数に現れたものです。

不安や不快感が表れる適応動作の種類

不都合なことを「適応動作(アダプターズ)」でごまかそうとする

大事な場面で、瞬きで相手の気を散らさないようにしましょう。

瞬きが増えるのは困っているサイン

瞬きにはたくさんの意味があります。一般的に、**いつもより瞬きが増えるのは、困惑、あるいは隠し事があるサイン**です。

これは、不都合なことを何かの動作でごまかそうという動きで、「**適応動作（アダプターズ）**」と呼ばれます。困ったときの貧乏ゆすりも同じです。

「何かこの人は自信がないな」「隠し事があるな」と相手に思われないために、瞬きの回数や貧乏ゆすり、指の組みかえなどの適応動作を抑える練習をしましょう。

適応動作は、あなたが今の状況に何らかのストレスを感じていて、うまくいっていないことを周囲に伝えてしまいます。

瞬きの回数にも目安がある

アイコンタクトの時間を計測するとき、私たち専門家は、まず全体の対話時間の中での**瞬きの時間と視線のうろつき時間を足して「アンフォーカスト（焦点が定まっていない）」と**

瞬きはあまりしすぎないこと

1 瞬きが多いと…

2 いい印象を持たれない

分類します。「アンフォーカスト」はアイコンタクトのない時間とみなします。アイカメラを使ったこの研究は、すでに30年間続けています。

その結果導き出されたのが、**「1分間あたり32秒は見つめましょう」「瞬きは37回以下に抑えましょう」**という私のパフォーマンス学での目安であり、結論です。

繰り返しますが、瞬きをパチパチと繰り返さないように気をつけてください。

Column

謝罪のときの表情のコツ

謝罪のとき、お詫びの気持ちを伝えるには、目に悲しみの色を込め、口をすぼめて両サイドを少し下げます。そして、上唇を下唇の少し前に出して、一瞬、表情筋を止めてから「本当に申し訳ございませんでした」といいます。

まったく表情を変えずにいうと、反省していないと思われますし、逆に**大袈裟な顔つきだと、「芝居がかっていてわざとらしい」**と受けとめられます。

表情から
相手を見抜く

07

相手の関心は、表情からはっきり読み取れる

★相手が視線をそらすのは受け入れられていないサイン
★相手の感情はまず目つきに表れる
★唇の形などの表情からも相手の疑いや不満がわかる

こんなとき相手はどう思っている？

「ここできっと相手が笑うだろう」と思って話をしたのに、ちっとも相手が笑わない。それどころか、瞬きをしたり、腕時計に視線を落としたりしている。手元の資料を目で追うだけで、ちっともあなたの顔を見ない——。

これは**「早く帰ってください」「あなたの話は迷惑だ」と感じているサイン**だと考えてよいでしょう。

書類を手に取り「これはいい商品だ。買う価値がありますね」と口にしているのに、顔はちっとも上げない——。

この場合は、**視線から「買いたくない」という感情が漏れるのを避けようとしている証拠**だと考えられます。

視線を見れば感情がわかる

相手の感情はまず視線に出ます。白目の中で黒目の部分が左右にキョロキョロする「泳ぎ目」は気持ちの焦り。上方に目を泳がせる「あおぎ目」は何かを思い出そうとする回想のサイン。そして、下に向かって目線を落とす伏せ目は隠し事があるときのサインです。

視線から相手の感情を正確に読み取る習慣をつけましょう。

そして、相手があなたの話に対して出しているサインをいち早く見抜きましょう。訓練しだいで「退屈しています」や「疑っています」というサインがわかるようになります。

疑いをもたれていないかをチェック

唇の真上に、ちょうど鼻の下から二本、線のようになっている部分があります。ここには上唇を上に引き上げる「上唇挙筋《じょうしんきょきん》」があります。人の話を聞いて「まさかそんなことはないでしょう」と**疑ったときや軽蔑の感情を持ったときは、上唇挙筋に力が入り、上唇の真ん中が持ち上がる形になります。**

相手がこんな表情をしたら、あなたに疑いを持った可能性があります。

不快感を持ったときも、唇の周りが動きます。この場合は、上唇と下唇の間のリップラインを、どちらかの端だけキュッと引き上げます。唇が斜めに上がったような感じです。**唇を歪める、唇の先端を上げる——こんな表情を見たときは要注意。**わかりやすい話を心がけて、相手の目をしっかり見つめながら、説明をきちんと加えましょう。

また、相手が片手をあげて、人さし指で自分の目尻を引き上げる場合があります。ちょうど目の横の「カラスの足跡」(目尻からこめかみにかけてのシワ)が、引っ張られて斜めに走ったようになります。

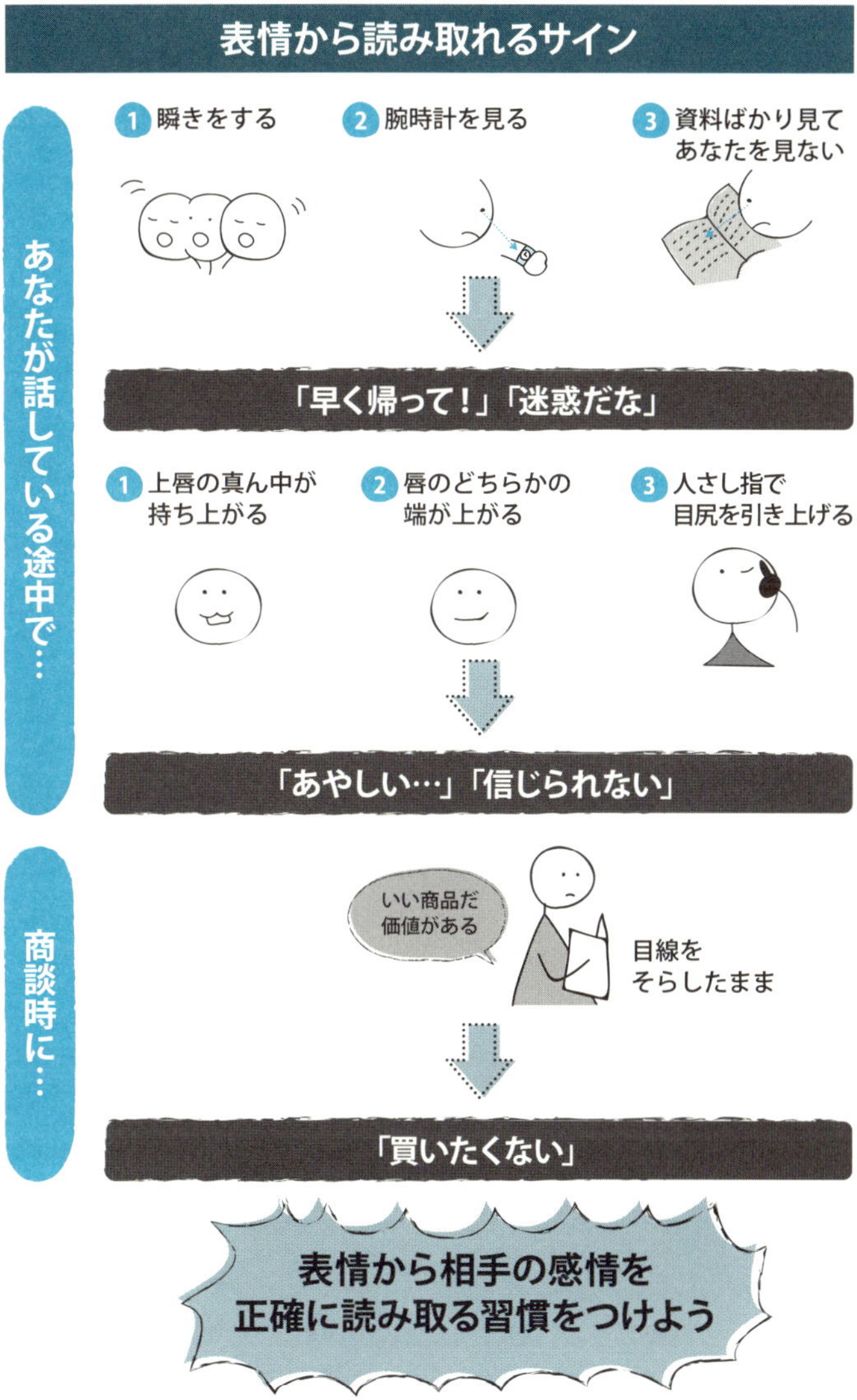
表情から読み取れるサイン
あなたが話している途中で…
1 瞬きをする
2 腕時計を見る
3 資料ばかり見て あなたを見ない
「早く帰って！」「迷惑だな」
1 上唇の真ん中が 持ち上がる
2 唇のどちらかの 端が上がる
3 人さし指で 目尻を引き上げる
「あやしい…」「信じられない」
商談時に…
いい商品だ 価値がある
目線を そらしたまま
「買いたくない」
表情から相手の感情を 正確に読み取る習慣をつけよう

これも、あなたの話に疑いを持ったときや疲れたときです。すぐに話し方を変えて、手遅れにならないようにしましょう。

Column

昔から、目は口ほどに物をいっていた⁉

「**男の目には糸を引け、女の目には鈴を張れ**」

これは江戸時代から伝わることわざです。

殿様は感情が悟られないように目を細くします。それに対して奥女中たちは目を鈴のようにまん丸くして、殿様の感情を読み取ろうとしたわけです。

表情から
相手を見抜く

08

嘘は表情の「ズレ」で確実に見抜ける

★嘘をつくと顔の下半分から表情が動く
★表情の上半分をチェックする
★嘘をつかれたら同じ質問をする

嘘は表情のズレに表れる

商談時に「買いますよ」といって買わない人。仕事の打ち合わせで「絶対やる。僕に任せておけ」といってやらない人。調子のいい嘘つきは世の中にたくさんいます。

「嘘を見抜く方法」を書いた本には、「嘘をつくときには、目の周辺と顔の周辺の筋肉を同時に動かす」と書いていることがあります。しかし、一般人はそんな器用なことはできません。私の実験によると、**嘘をついたとき、最初に動くのは、顔の下半分。**つまり比較的コントロールしやすい口の周りの「**口輪筋**《こうりんきん》」を中心とした部分です。

表情筋の動きの時間差はほんの一瞬

日常でもよくあります。うれしくなくても「ようこそお越しくださいました」とニッコリするとき、口の周りは上手に微笑むことができます。その後で目尻を下げたり、目尻のシワを寄せて大きく笑ったりします。つまり、**表情筋が下半分から先に動き出しているとき、その人は何らかの理由で嘘をついている確率が高い**のです。テレビで「人間嘘発見器」のあだ名をつけられた私の嘘の見破り方法も、この「上下の表情筋のズレ」が一番のポイントです。

一般人は0・1〜0・5秒くらいの間の上下の表情筋の動き出しのズレは、つい見逃してしまいます。そのため、嘘をついているとき、上下の表情筋が同時に動くと思い込んでいるのです。

私は次のような実験をしたことがあります。見たことのない映画の感想を、見たということにして答えてもらうというものです。

結果、「とてもおもしろい映画でした」といいながら、顔の表情筋はフリーズしていました。顔の表情筋の下半分はよく動き、微笑んだりしますが、目の動きはほとんどなく、一瞬遅れて動きがついてきます。表情筋の上下差は、このように時間差で表れるのです。

相手の嘘は簡単に見抜ける

正直で嘘をつくのが下手な人ほど、顔の下半分は微笑んで、上半分は一切微笑まない傾向があります。

たとえば化粧品のポスターでモデルはニッコリと微笑んでいます。その顔の下半分を紙で隠すと、目の恐さにびっくりすることがあるはずです。目の周りの筋肉は、口の周りほど楽しそ

嘘を見抜くには？❶　顔の上半分に注目！

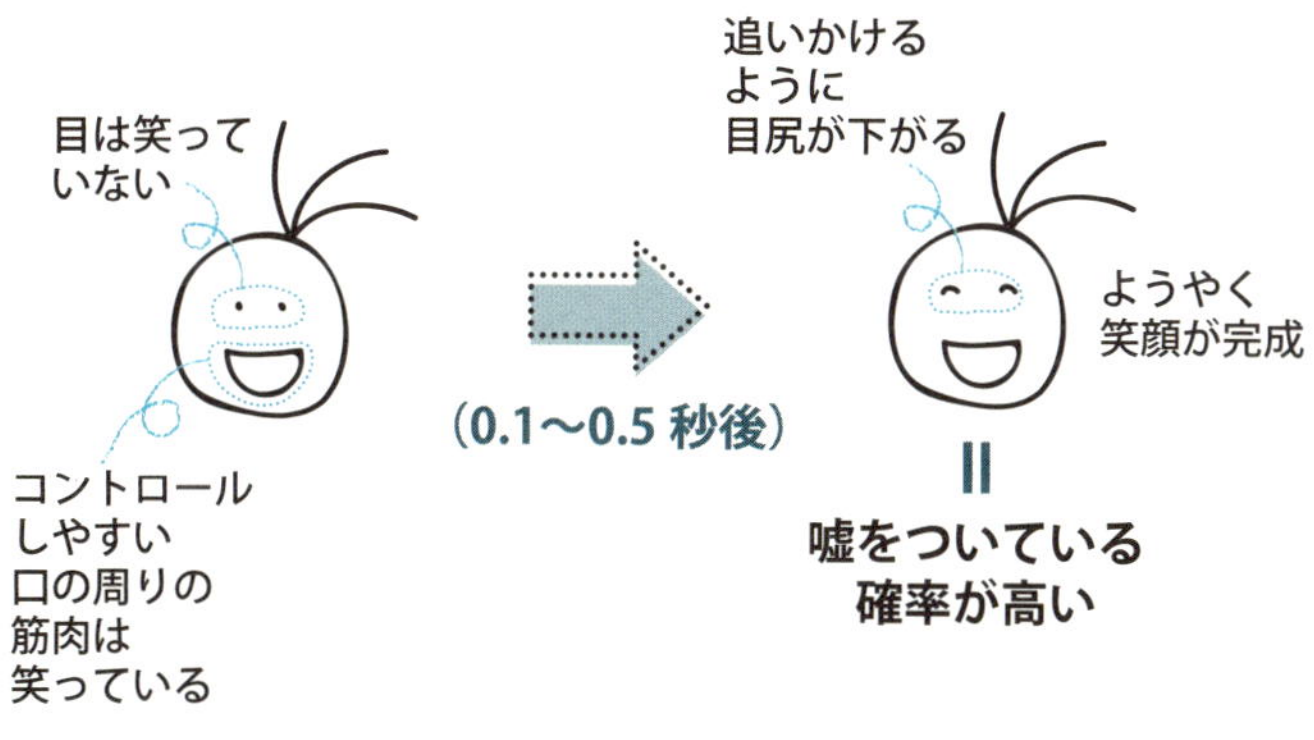
目は笑っていない
コントロールしやすい口の周りの筋肉は笑っている
（0.1〜0.5 秒後）
追いかけるように目尻が下がる
ようやく笑顔が完成
＝
嘘をついている確率が高い

嘘を見抜くには？❷　目線、声、動作をチェック！

目線

あなたを見ない
視線が泳ぐ
瞬きが増える

声

とても小さい
早口

動作

いっていることと
反対のことをする

注意して観察すれば、相手の本心が簡単にわかる

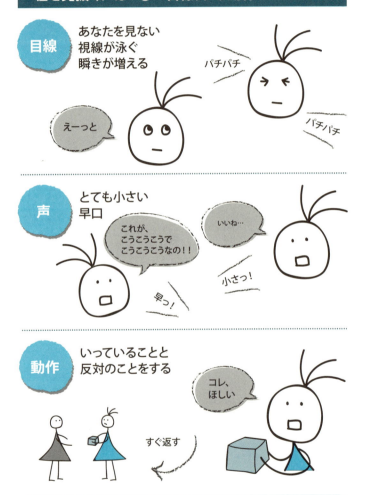

うなスマイルを浮かべることができないのです。

注意すれば、相手の嘘は簡単に見抜けます。嘘に気づいたら、より詳しい説明を求めましょう。おすすめは、**違ういい方で同じ内容を質問する**こと。つじつまの合わない回答が返ってくれば、完全に嘘だとわかります。

Column

相手がわかりやすいジェスチャーをする

「右手を挙げてください」と相手にいいながら、自分自身は左（つまり、相手から見ると右）の手を挙げることができたら、相手は「なんと話し慣れた人だろう」と感動するでしょう。

話す内容に気をとられていてはできません。**経験と余裕がもてたときにようやくできる動作**です。練習してとっさにできるようにしておきましょう。

表情から
相手を見抜く

09

唇を尖らせている人の幼児性に早く気づこう

★頭がいい人はあえて幼稚っぽく振る舞うことがある
★幼稚な表情が出てしまう人は、感情面で成長していない人
★ネガティブな感情が表情に出ないように心がけよう

テレビタレントはあえて幼稚な顔を演出している

テレビのお笑い芸人やバラエティタレントの顔に注目してください。「あり得なーい!?」などといいつつ、唇を前に尖らせています。おかしなダジャレをいって、自分が先に「アハハ」と笑うのも特徴です。

なんだかおもしろそうで、見ているほうも楽しくなります。彼らはわざと幼稚に振るまっている「頭のいい人」です。

頭が悪い人はよく見せたくて、利口な表情をつくります。逆に**頭のいい人は、コミカルで幼稚っぽい顔をして、相手に用心させない**こともあるのです。

感情がそのまま顔に出てしまう人

彼らに「交流分析テスト（エゴグラム）」という心理テストをすると「子ども（チャイルド）」というスコアは低く「大人（アダルト）」というスコアは高く出ます。心理的に大人だからこそ、あえて幼稚な顔をしているわけです。

そんな配慮もせず、ふと気づけば唇を尖らせて前に突き出しているような人もいます。何かをやってうまくいかなかったとき、上司に叱られたとき、**自分の感情のとおりに唇が尖ってしまうのは、心理的に幼稚です。**

こういう人は「成長できていない」「組織に溶け込めていない」「いつも上の人と対立している」「なんとなくおもしろくないことが続く」といった人です。

小さい子どもはおもしろくないことがあれば、フンと口を尖らせます。まだ上手に言葉で

感情面が成長していない人の特徴を知る

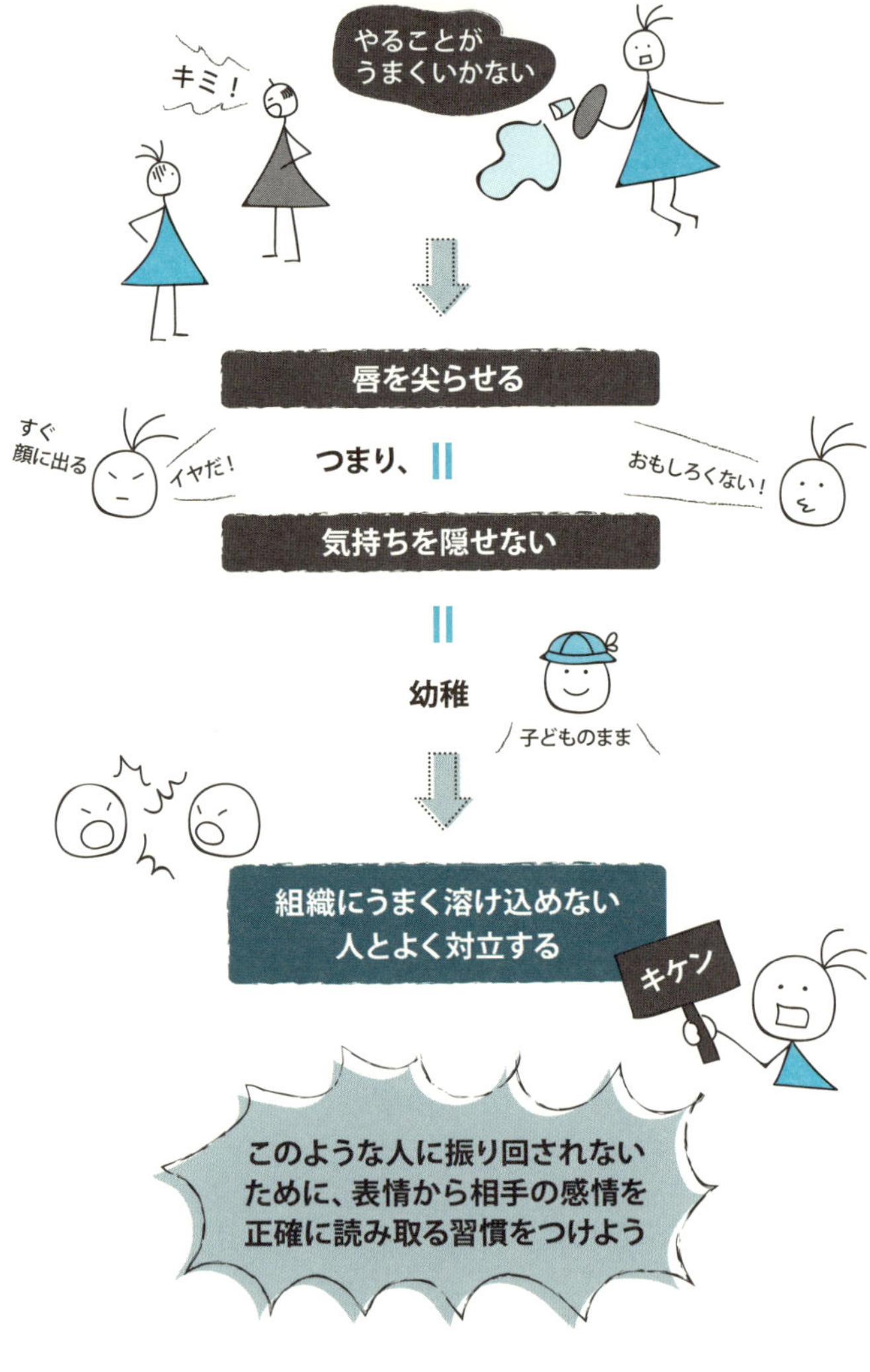

表現できないので、顔で一生懸命「つまんないよ」というメッセージを伝えようとするのです。

しかし、**大人になっても「おもしろくない」という気持ちがすぐに顔に出てしまう人は、感情面で成長できていない**わけです。

幼稚な人とのつき合い方

極端に自由な環境で育った人、何をやっても許されながら成長した苦労知らずな人。そんな人の中には自分の表情が相手にどう見えているか一切考えない人がいて、小さく唇を尖らせた表情をしがちです。

こんな人は**感情コントロールが下手な甘ったれ屋さん。**交流分析では「**フリーチャイルド（自由な子ども）**」と呼ばれます。

フリーチャイルドには要注意

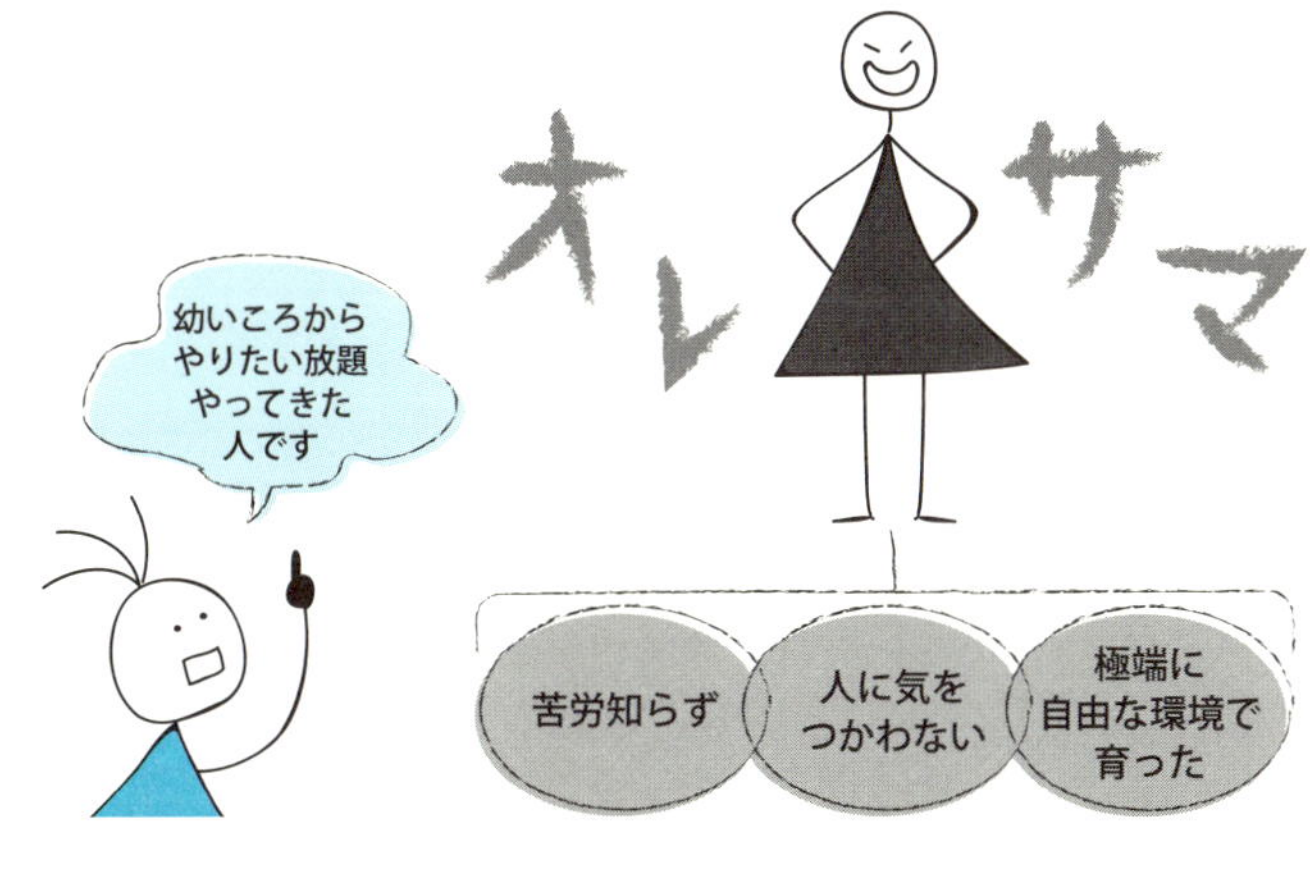
オレサマ
幼いころから
やりたい放題
やってきた
人です
苦労知らず
人に気を
つかわない
極端に
自由な環境で
育った

もしもあなたが真面目にビジネスをしたいなら要注意人物です。こういう相手は自尊心を傷つけないように「あなたは素晴らしいですね」などと持ち上げておいて、自分は絶対にこの表情を真似しないでください。

あなた自身も、つまらないことがあっても、人前で口を尖らせないように感情コントロールを心がけましょう。

Column

人間とは
自分を演じる生き物

「**すべて深いものは仮面を愛する**」
ニーチェ（ドイツの哲学者）

人間はありのままの自分をさらけ出さず、その場にふさわしい自分を表現します。つまり、仮面をかぶっているのです。

心理学でいう**「自己呈示＝パフォーマンス」の欲求**があるからです。

表情で
自己アピール

10

プレゼンでは瞬きを少なめにしよう

★下から視線をすくい上げると自信がなさそうに見える
★すくい目は、瞬きの増加をともなう
★練習しだいで瞬きの回数は減らせる

下から視線をすくい上げるときの心理

ギリギリまで時間をかけてプレゼン資料を準備したのに、上司や先輩からツッコミが入って、直前に修正を加えた――そんなとき、あなたはプレゼン会場に到着してもなお、不安な気持ちのままでしょう。控室でも一生懸命原稿を見返して、壇上でも原稿を見ないではいられません。

スクリーンにスライドが映ってはじめて、資料に落としていた目を上げ、会場の人たちに向かって目を合わせようと努力します。これが「**すくい目**」です。下から金魚をすくっているような格好に首と視線が動く。このような**すくい目は、相手から見ると自信がないと感じます。**

すくい目プレゼンはNG

資料を見ながら首をもち上げると、すくい目になるので、不安な気持ちが聴き手に伝わってしまいます。

また、すくい目をすると、それまであなたを見つめようとしていた人たちと、突然視線が合うので、あなた自身も驚いて、パチパチパチと瞬きが出てしまいがちです。

瞬き回数は1分間あたり37回を超えないようにとお伝えしました。**37回を超えてしまうのは、自信のなさ、隠し事、嘘を告白するようなもの。**

目の上がピクピクと、寝不足などで動く場合でも、相手は「なんだか目障りだな」と感じるはず。さらに机に両手をついて体重を支える姿勢をすると「机にしがみついている」図式

すくい目は禁物

発表するとき、
ギリギリまで原稿を見ている

時間になって
ようやく顔を上げる

となり、一気に不安感が伝わります。

「この人のプレゼンはまだ完成していないのだろう」「パワポは立派でも、プレゼンの内容には自信がないのだ」と思われてしまいます。

プレゼンの壇に上がったら、原稿を手元に広げた後、しっかりと一回顔を上げましょう。そして「みなさん、こんにちは。本日お話しさせていただく○○です」と聴き手に視線を移してから話しはじめるのです。

プレゼン表情をセルフチェック

プレゼンをする前には、瞬きの回数を最小限に抑える練習と、机に手をつかずに堂々と立つ練習をしましょう。

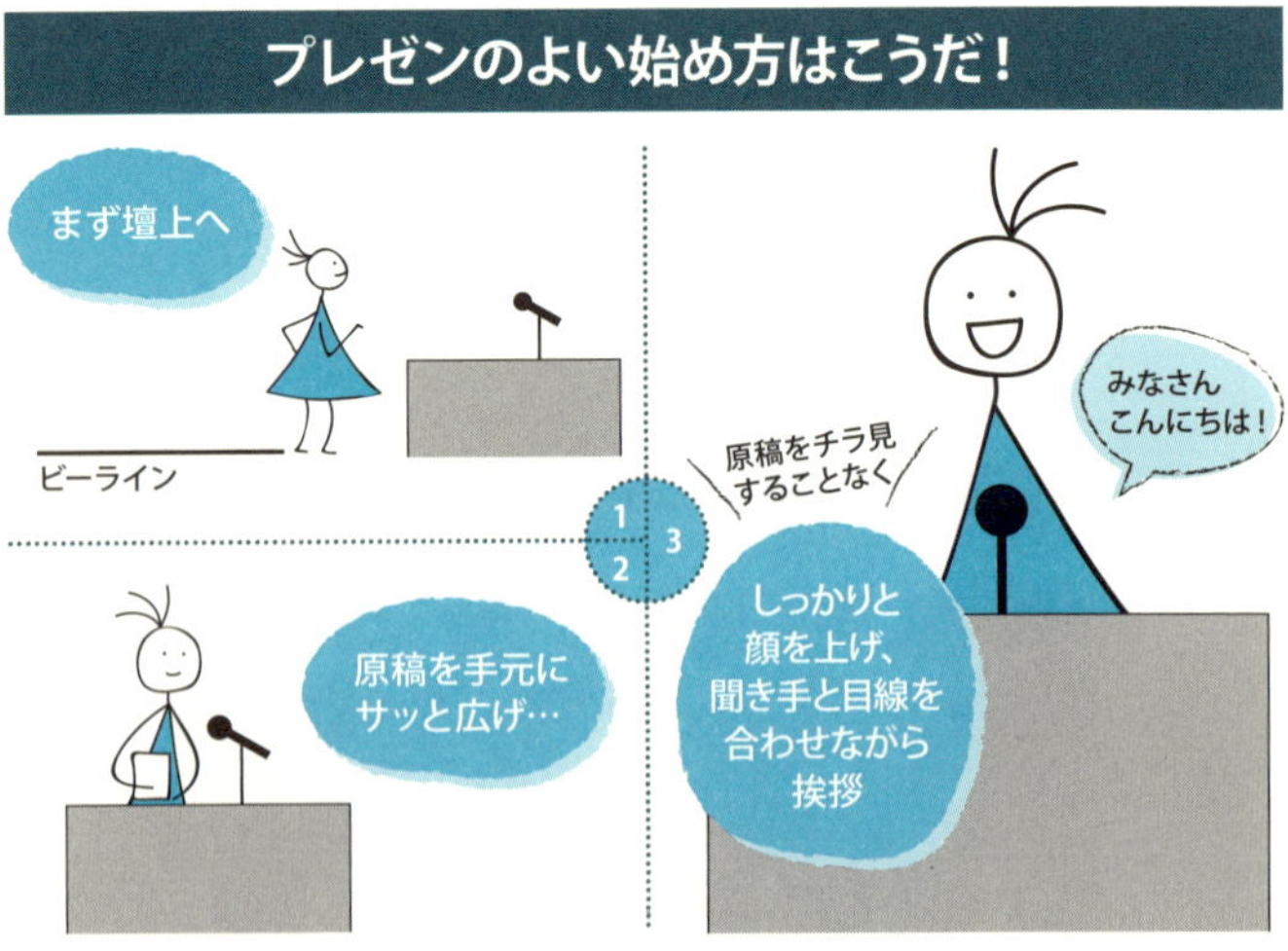

プレゼンのよい始め方はこうだ！
まず壇上へ
ビーライン
1
2
3
原稿を手元にサッと広げ…
原稿をチラ見することなく
みなさんこんにちは！
しっかりと顔を上げ、聞き手と目線を合わせながら挨拶具体的には、**リハーサルのときに原稿を暗記するだけではなく、鏡の前で自分の表情と姿勢をチェック**します。あるいは誰かに目の前に座ってもらい、その人を相手にプレゼンをして、チェックしてもらうとよいでしょう。

プレゼンの様子をビデオで撮り、あとで巻き戻して見るのが一番のお勧めです。

Column

不安なとき以外にも すくい目に気をつける

周りの人に引け目を感じているときも、すくい目が出ます。

顔の向きは下なのに、目だけが天井を向く――これは、相手のほうが強い人で、自分が負けてしまっていることを表します。卑屈な印象になるので NG です。

若い女性が甘えてみせるために、わざわざこの視線を使うこともあります。

表情で
自己アピール

11

「できる人」に見える顔のつくり方

★表情筋の動きが活発だと「できる人」に見える
★自信の有無や仕事の好不調は、3つのサインで表情に表れる
★特に目と口の周りの筋肉は印象を左右する

「できる人」に共通する顔の表情

「できる人」はどんな顔をしていますか？

「イキイキしています」と誰もが答えるはず。「イキイキしている顔って、どんな顔ですか？」

と聞くと、今度は「目に力がある人」という答えが返ってきます。

表情筋は全部で約30

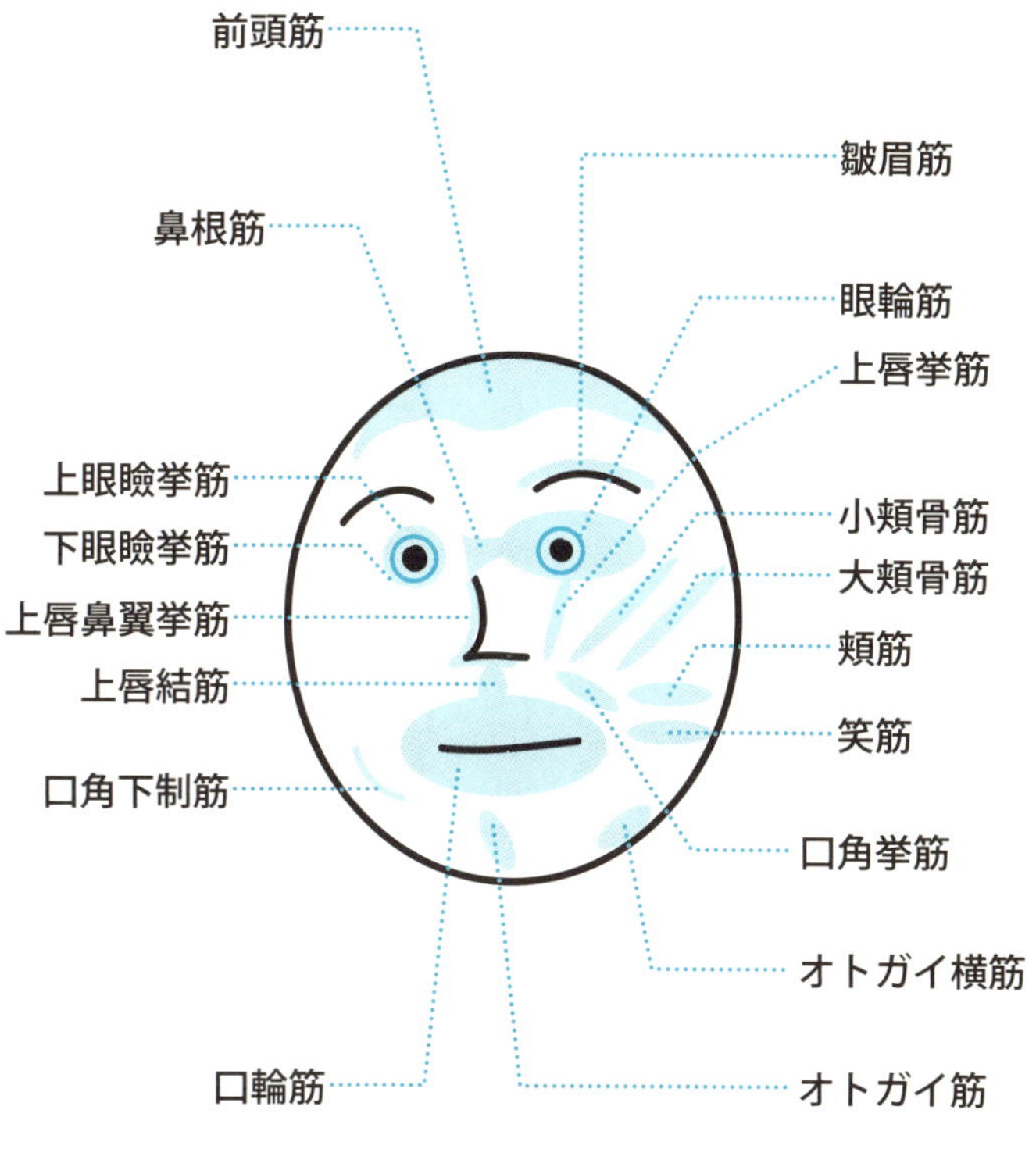

できる人は表情筋がよく動く

目についてはここまで詳しく書いたので、今度は顔の表情全体の話をしましょう。**「できる人」の表情は、約30の表情筋すべてに意思が伝達されることでつくられます。**表情筋の中でわかりやすいのが、目の周りの筋肉群、頬の筋肉、口の周りの筋肉群。できる人は、これらの筋肉の変化が頻繁で、遠目に見てもくっきりと表情の動きが変わっていることがわかります。

「できる人」の表情に出る3つのサイン

異業種交流会や外部の勉強会、名刺交換会などに出席すると、「あ、この人は今、仕事がうまくいっているな」と感じたり、「おそらく失敗続きなのだろう」とピンときたり、ときには「会社で威張っているけど、本当は自信がなくて虚勢を張っている」などと相手のことがわかるときがあります。

名刺の肩書きや本人の言葉から以上に表情から伝わることがあるのです。もっと正確にいうと、**以下の3つの特徴が、その人の「成功・失敗」あるいは「上げ潮・引き潮」を発信しています。**

①表情筋の動きの活発度
②アイコンタクトの強弱
③口角挙筋の力の強弱

ポイントは口の周りの筋肉

まず、話すときに口の周りの筋肉をきちんと動かすように意識しましょう。

口の周りの弛緩した感じ、曖昧さは禁物です。話し終わった後、力なく上唇と下唇が1㎜ほど開いていると「不覚醒」、つまりぼんやりした「できない人」の印象になります。

口を開くときは大きめに、閉じるときは「口角下制筋《こうかくかせいきん》」という唇を下に引く筋肉をきちんと使ってしっかり口を閉じましょう。

アイコンタクトは方向性、長さ、上まぶたの

できる人の「聞く」表情

重要
口角
挙筋
リップラインが
スマイルマークに

口角挙筋に少し力を入れて
「聞いている」アピール！
微笑んでいるようにも見える

できる人の「話す」表情

重要
口の
まわりの
筋肉
重要
目の
まわりの
筋肉
ポイントは
目と口！

言葉の終わりにはきちんと口を閉じる
半開きは「できない人」のサイン

張り、ともに十分にあるか、再確認してみましょう。

表情筋をくっきりと動かすと、自分の仕事の意味や行くべき方向がわかっていて、それを見つめている様子が伝わります。

表情筋の動きで、できる人を演出し、頼りにされる人になりましょう。

Column

目を見つめ、微笑み、うなずき、言葉を返す

コミュニケーションは相手がいてこそできるものです。相手と心地よくつながっていくために『**情動のダンス**』をしましょう。

相手が動いたら、自分も動く。相手が止まったら、自分も止まる。言葉のやりとりもまったく同じです。相手の言葉が終わらないのに話し出すのは「かぶせ発言」でNG。**相手の言葉の終わりを待って発言しましょう。**

表情で自己アピール

12

毎日、簡単にできる「表情筋トレーニング」

★表情筋の疲れや衰えは意識しにくいので要注意
★意識してトレーニングすれば表情筋も鍛えられる
★毎日の入浴時間を表情筋のトレーニングにあててみよう

忘れられがちな表情筋

表情筋も筋肉である――この当たり前の事実を、みんなすぐに忘れてしまいます。

私たちは身体の筋肉（腹筋、臀筋、背筋、大腿骨筋、肩甲骨まわりの筋肉など）には敏感です。

ふだんから一生懸命トレーニングをしている人も多いでしょう。

表情筋は従順で忍耐強い筋肉です。**身体の筋肉の疲れや衰えは感じても、表情筋のそれはなかなか感じられません。**

人前に立って話をしたり、一日中笑顔で接客したりしなければならない人は、「ああ、顔の筋肉が疲れた」と感じることがあるでしょう。

しかし、表情筋をまったく動かさなかったからといって、「たるんだ」「ダブついた」「下がった」と認識する人はほとんどいません。

これが「筋肉には筋トレが必要」と考えるのに、なぜか表情筋だけ筋トレを忘れてしまう私たちの大きな落とし穴です。

表情筋のトレーニングを習慣化しよう

顔全体

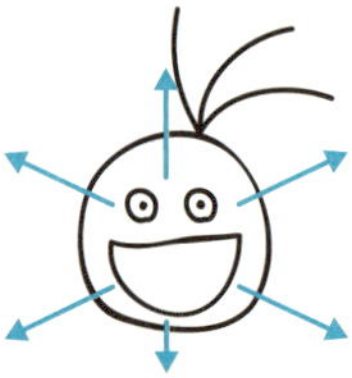

❶顔全体を思いきり大きく広げる。目も口も大きく開く

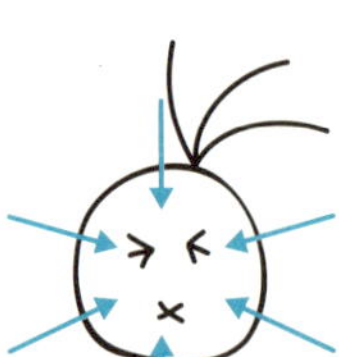

❷顔の中心へ向けて思いきり小さくすぼめる

❸①②を５回繰り返す

トレーニングで表情筋をアップ

高齢者になると、両頬の筋肉がだらりとたれ下がったり、二重あごになったりと、顔の筋肉がたるみがちです。つまり、**表情筋もトレーニングしなければ重力や加齢とともにたるんで下がる**のです。

表情筋のトレーニングをすると、顔の筋肉が引き締まり、よく動くようになり、喜怒哀楽を上手に表情で伝えられるようになります。

私のセミナーの受講者も、わずか60分間で、ほぼ完璧に表情筋がよく動くようになります。しかし、残念ながら本人の意識が続かなければ、数日でまた元通りにたるんでしまいます。

眼輪筋

❶上まぶたを引き上げ天井を見る
↓
❷下まぶたを引き下げ地面を見る
↓
❸眼球を右へ
↓
❹左へ
↓
❺右回りに
↓
❻左回りに動かす

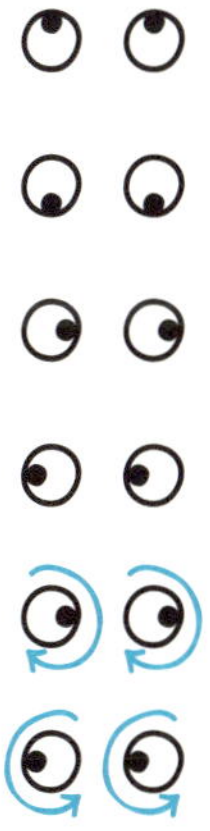

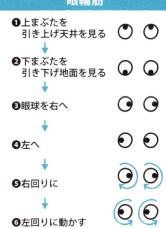

女性なら朝、顔を洗って化粧をするとき、そして夜、化粧を落とすとき、男性ならば朝晩のひげ剃りや歯みがきのときに、鏡を見て、表情筋のトレーニングをすることをお勧めします。

表情筋は「動かして、上げる」という連続動作で引き締まります。顔の筋肉が下に垂れ下がるのを十分に防いでくれます。

お風呂の中でできるトレーニング

顔全体を思い切り大きく広げ、小さくすぼめる――まずはこれだけを5回、繰り返しやってみてください。顔がポカポカとあたたかくなります。

さらにお風呂の中では、顔の向きを垂直にし

口輪筋

❶唇を右へ引っぱる
↓
❷左へ引っぱる
↓
❸斜め右上へ引き上げる
↓
❹斜め左上へ引き上げる
↓
❺口角を下げてへの字口にする
↓
❻両サイドの口角を上げてスマイルラインにする

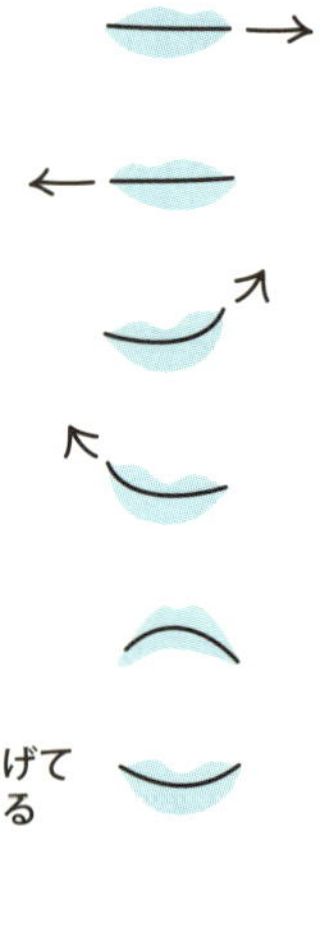

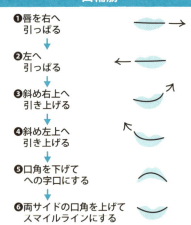

たまま、視線だけを天井に持ち上げます。

次に、視線だけを下に、そして、顔は前を向いたまま、視線を右回り、左回りと、5回ずつ動かすセットをやってみてください。

眼輪筋も口輪筋も、トレーニングで十分に強くなっていきます。

Column

表情筋の動きは自分の手で確かめられる

顔全体を大きく広げたり小さく縮めたりする動作を5回繰り返すとき、両手のひらを自分の頬に当てると、表情筋がどのように動いているのか、さらに実感できます。

鏡があれば、映してみるとわかりやすいでしょう。

表情筋の動きを知ることは、表情筋を自在に動かす手助けとなります。

表情で
自己アピール

13

人生が変わる「笑顔のトレーニング」

★笑顔は、相手の警戒心を解く最強の武器
★ポジティブな言葉と笑顔を習慣づける
★トレーニングを繰り返して、笑顔を定着させよう

警戒心を解く笑顔という魔法

あなたはきっと、嫌いな同僚や上司の前で、自分の顔がこわばるのを感じたことがあるでしょう。そんなときこそ、意識的に笑顔をつくってください。**笑顔の最大の効果は、相手の警戒心を解くこと**です。

顔全体で笑おうと思うと大変ですが、口の周りの筋肉を動かすことはわりと簡単です。**口の両サイドの「口角挙筋《こうかくきょきん》」に力を入れて、唇の両端を少し上げましょう。**

下の歯の一部をチラリと見せる笑顔も有効です。愛想よく「おはようございます」といっている感じがします。

そのようなことを繰り返すと、相手があなたに対して警戒心を解くようになるはずです。

鏡の前でトレーニング

鼻や耳は自在に動かせないので、まずは口の周りの口輪筋群《こうかくきんぐん》を動かして笑顔をつくることをお勧めします。

本当は、目の周りの筋肉も一緒に動くのが最高なのですが、とりあえず苦手な相手には「おはようございます」「ありがとうございます」「お疲れさまです」などの**ポジティブな言葉とともに口輪筋を少し動かして、小さなスマイルを浮かべることをトレーニングで習慣づけましょう。**

最初に、顔はまっすぐに、首をかしげないで鏡を見てください。

そしてストローか割り箸をくわえて、上の唇、下の唇の間のライン＝リップラインが水

苦手な相手にこそ笑顔を！

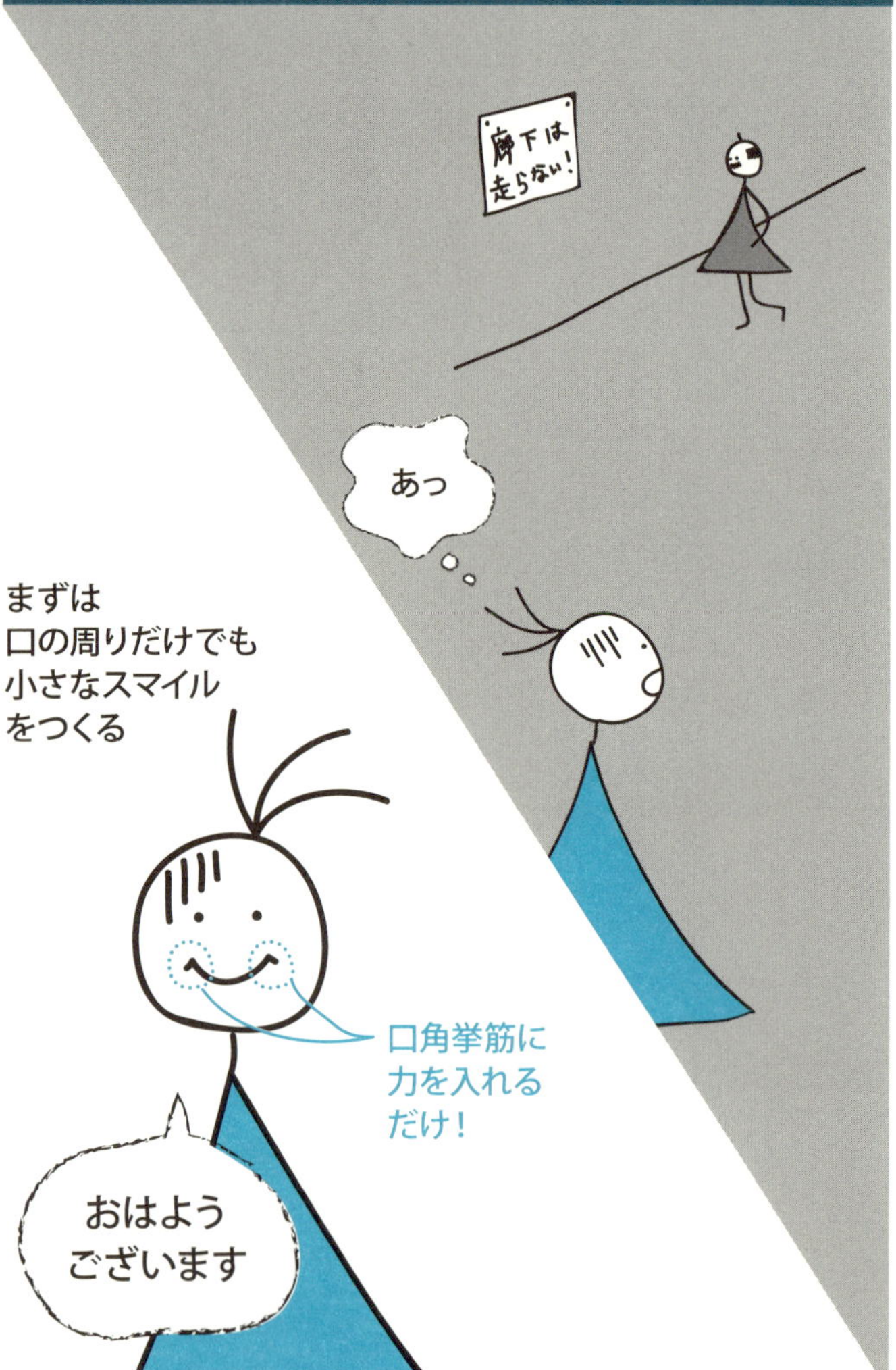

平かどうかをチェックします。**どちらかにひどく偏っていると意地悪な印象を与えがちなので要注意**です。

リップラインが水平になったことを確認したら、くわえたストローや箸のラインよりも、ほんの２㎜だけ、口の両サイドのすみ（口角）を上げます。次は、５㎜上げて、その状態で５秒間、口の周りの笑筋をキープしてください。これを朝晩何セットかやりましょう。

笑顔の訓練をして勝利を勝ち取る

このトレーニングの効果は、実はさまざまな研修の場で証明されています。

私はこれまでさまざまな人々の自己表現ト

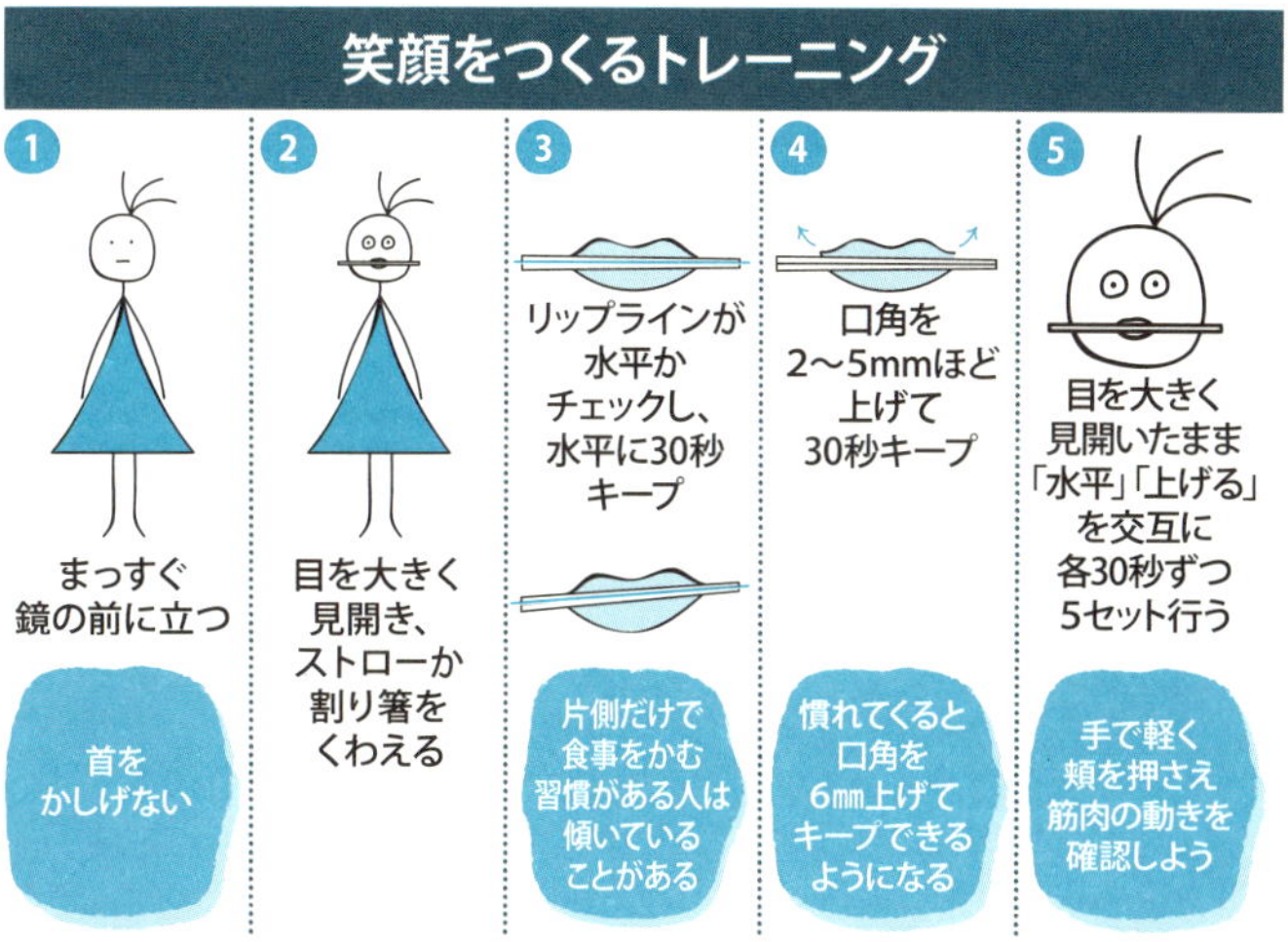
笑顔をつくるトレーニング
1
まっすぐ鏡の前に立つ
首をかしげない
2
目を大きく見開き、ストローか割り箸をくわえる
3
リップラインが水平かチェックし、水平に30秒キープ
片側だけで食事をかむ習慣がある人は傾いていることがある
4
口角を2〜5mmほど上げて30秒キープ
慣れてくると口角を6㎜上げてキープできるようになる
5
目を大きく見開いたまま「水平」「上げる」を交互に各30秒ずつ5セット行う
手で軽く頬を押さえ筋肉の動きを確認しよう

レーニングをやってきました。一回直しただけで、笑顔でスピーチできるようになる人はたくさんいます。ただ、**固定させるためには、6週間、つまり1カ月半、毎日やるのがベスト**です。

でも、実際にはなかなか難しいでしょう。せめて5回、10回と繰り返してみてください。

「No training, no win」

訓練なしに勝利はないと思って、笑顔の訓練をしてみましょう。

Column

警戒心は表情に出て相手に伝わる

言葉でいくら素晴らしい内容を発しても、心の中で相手に対する警戒心があり、表情に嫌悪感や緊張感、防衛心などが出ていると、相手は敏感にそれを察知します。

そして同じように警戒心をもって、笑顔をこわばらせてしまいます。表情にもやはり「**返報性（レシプロシティ）**」があるのです。

自分が相手に対して心を開いていない顔をしていれば、相手もまた心を開かないということです。

表情で自己アピール

14

こんな表情ができたら、相手が最高に心を開く

★驚きをともなう喜びの瞬間、顔全体が劇的に動く
★感動の気持ちを顔で伝えると言葉だけの場合より3倍伝わる
★喜びだけでなく、悲しみの感情も表情で共有できる

顔全体が劇的に動くとき

爆発的な歓喜の気持ちになると、その人の表情はどうなるでしょうか。笑顔をつくるために表情筋が一斉に動き、顔中がくしゃくしゃに収縮します。

たとえば、サッカーやラグビーなどで、応援しているチームが試合に勝ったとき。まるで

内臓が口から飛び出すのではないかと思うくらい大きな口を開けて喜びます。口を大きく開け、反対に目は小さくなり、いつもの自分とはまるで違った顔になるはずです。

最高にうれしいときは、顔全体が大きく拡大したような感じになります。顔中のあらゆる筋肉が一斉に収縮して、皮膚を引っ張るからです。

歓喜の表情は、驚きの表情をともなうことが多いものです。思いがけずいいことがあったときはまず驚き、次に顔全体の筋肉がくしゃくしゃに収縮します。

このような驚きがともなう「歓喜」、絶大な喜びの表情は、顔全体が劇的に動きます。この表情が一番相手を巻き込みます。**「抱きつく」「飛びつく」「握手する」などのはっきりしたしぐさと一緒に使うのが効果的**です。

感情の表情は共有できる

人は日ごろから、何かに感動したいと思っています。

だから、感動した気持ちを顔に表している人を見ると、自分も感動のおすそ分けにあずかりたくなり、一緒になって顔中をくしゃくしゃにします。

人と会うときに、「お目にかかれてうれしいです」と目を見て、顔の表情筋をキュッと動

かせば、本当に喜んでいるという感動を伝えることができます。

悲しみも表情で共有できる

歓喜の表情を鏡の前で何回か練習してみてください。**「顔中を皺くちゃにする」**と思えば簡単ですね。

逆に、悲しみの表情もあります。「まあ！　あの方がお亡くなりになったのですか！」という場合、驚きの言葉のすぐ後に、**顔の表情筋を一斉にフリーズ（停止）**させましょう。顔が固まったようなイメージです。

そんな顔を見ると、相手も顔の表情をフリーズさせて、悲しみを共有するわけです。

感情の共有は表情の共有と一緒に起きる

微妙な感情を表情で表現できるようになろう！

- ６週間毎日、朝昼晩３回、２分ずつ合計６分、鏡の前でトレーニング
- トレーニングをして表情筋に自信がついたら、友達に見せてテストしてもらおう

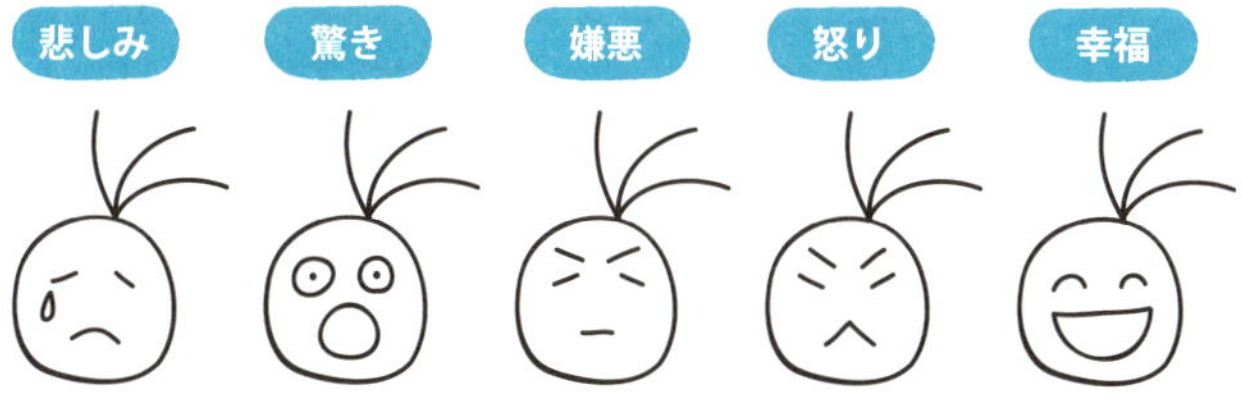

5つの感情表現の強弱もマスターしよう！

驚きと喜びのセットが相手を巻き込む

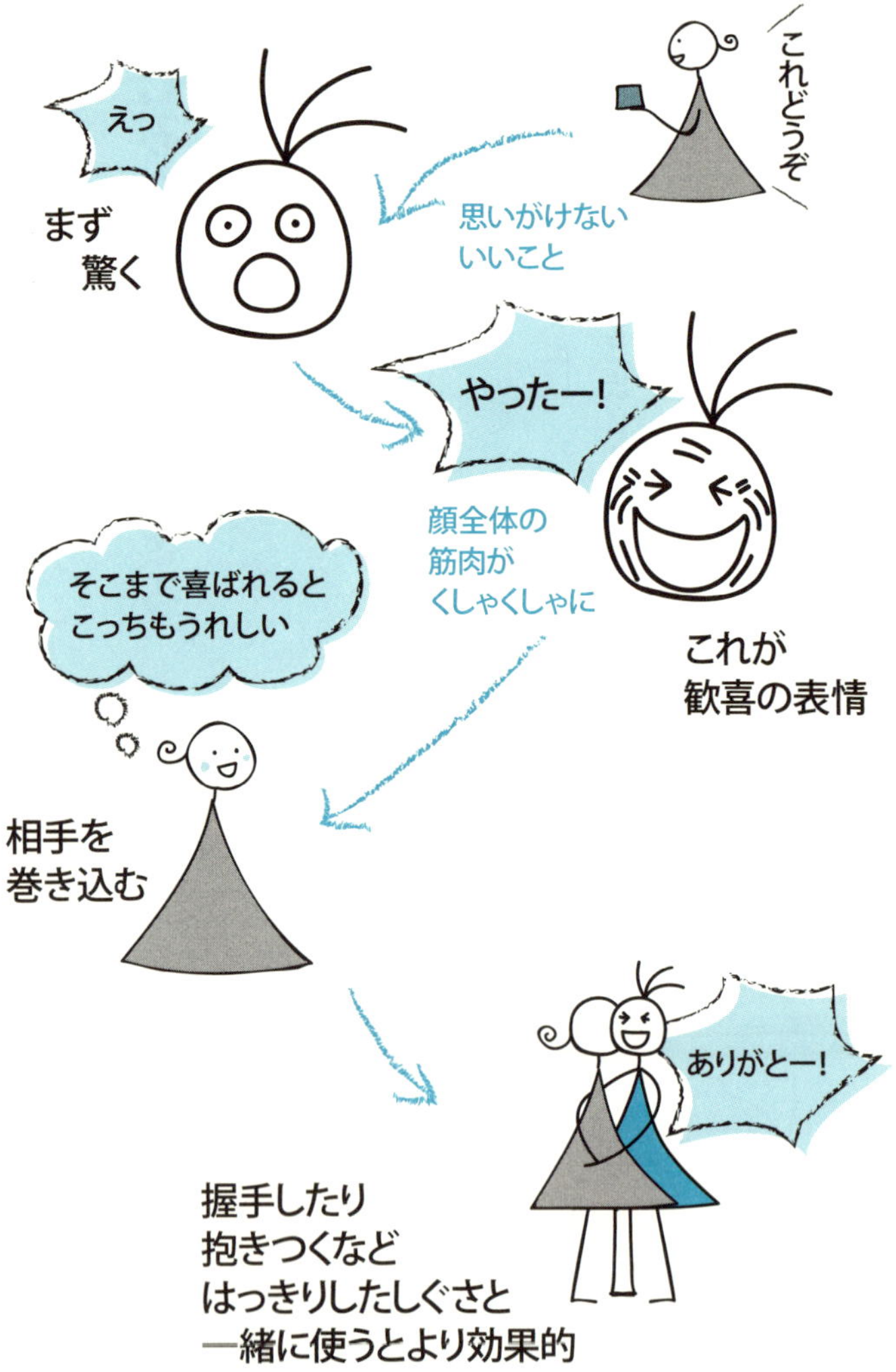

感情共有は、表情が引き金となってスタートします。**相手の表情が表す喜怒哀楽に、あなたの表情を合わせてあげましょう。**それが一番の「**共感（エンパシー）**」シグナル。相手に好かれる顔の表情です。

Column

感動の余韻を残した表情は興味をもっている証

相手が「アハハ」と笑った後、唇が少し開いたまま、**感動の余韻が残っているような顔**をするときがあります。
それは**あなたの話に興味を持ったサイン**。
「ありがとうございます」とお礼をいいながら、話を進めましょう。

できる人・好かれる人になるためのドリル②

問題1

笑顔などの表情を意図的に
つくることを何という？

Ⓐ 感情表現

Ⓑ 表情統制

問題2

笑顔を控えたほうがいいのは、
相手がどんなとき？

Ⓐ 悲しそうなとき

Ⓑ 調子がいいとき

問題3

出会いの印象を
いち早く決定づけるのは？

Ⓐ 挨拶

Ⓑ 目

問題4

困ったときに
増えるものは？

Ⓐ 咳払い

Ⓑ 瞬き

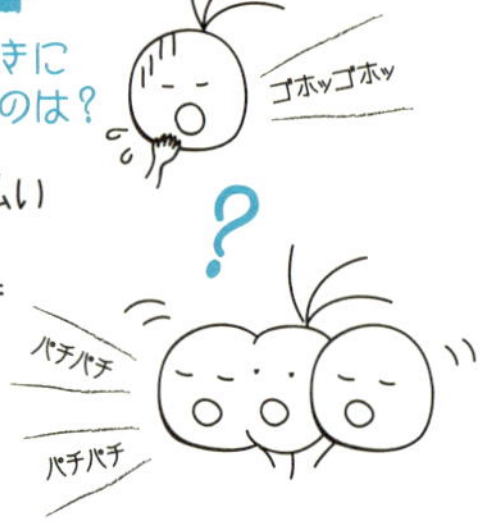

問題5

嘘をついている人は、
顔のどの部分から動く？

Ⓐ 上半分

Ⓑ 下半分

問題6

感情をコントロールできない
幼稚な人の特徴とは？

Ⓐ 唇を尖らせたり、
頬をふくらませる

Ⓑ 目を大きく
見開く

答え
問題1／B（→78ページ）
問題2／A（→88ページ）
問題3／B（→93ページ）
問題4／B（→103ページ）
問題5／B（→113ページ）
問題6／A（→118ページ）

第3部

自然と
会話が続く
「話し方」

好かれる話の始め方

01

話し出すタイミングを探る

★言葉数の少ない人は相手の自己表現欲求を満たしやすい
★話を遮ると、相手は主導権を取られたと不快に感じる
★相手が話し終えるのを待ってから、発言するのが会話の鉄則

言葉数の少ない営業マンが売れるワケ

人と会って会話するとき、挨拶の後「外は暑かったですか」などのスモールトークから始めることがあります。

すると、相手もスモールトークを始めてしまい、本題に入れず、焦ることがあります。だ

からといって、話を途中で遮ると、相手は気を悪くするものです。

実は、おしゃべり上手のセールスマンは必ずしも営業成績がよいわけではありません。逆に**言葉数の少ない営業マンが成功するケースは結構多いのです。その理由は、言葉数の少ない人のほうが、相手の自己表現欲求を満たしやすいから**です。

話を途中で遮ってはいけない

自己表現欲求とは、自分のいいたいことを伝えたいという欲求のことです。これは人間の最高次元の欲求である「自己実現欲求」の条件欲求と位置づけられています。

たとえばベテランのビジネスマンは、ノウハウや苦労談をたくさん持っていてそれを話したいという強い欲求があります。ですから、彼らははじめて会った人にも自分の話をしようとします。

こうした場合、いつまでも本題に入れず、やきもきするかもしれませんが、相手の話を遮るのは厳禁です。**相手の話が途切れるのを待ってから「今日の用件ですが……」と切り出しましょう。**

相手が話し続けているのに「ところで」も「さて」もダメです。これらを使うと、あなたが相手の話を中断して主導権を取り、話を切り替えたという感じが出てしまいます。

十分に話してもらうのが鉄則

特に「支配欲求」の強い人が相手の場合、相手の話が終わってから本題に入るのが賢明です。「お言葉ですが」「さて」「しかし」のような逆説の接続詞で相手を遮るのは最悪です。相手はあなたに支配された気分になって不快になるでしょう。

もし**相手が昔話を始めたとしても、「また昔話が始まった」などと、うんざりした表情が出ないように注意してください。**

「どんなことがあったのですか？」などと身を乗り出し、目を輝かせて、話を促しましょう。

一回聞いた話であっても「前に同じ話を聞きました」といってはいけません。「はじめてお聞きします」というのもしらじらしいので、「前にちらっとうかがいましたが、本当はどうだったのですか」とたずねましょう。

そして**相手が十分に話したと感じる瞬間を狙って、発言の機会をつくる**のです。

まずは聞き上手になろう

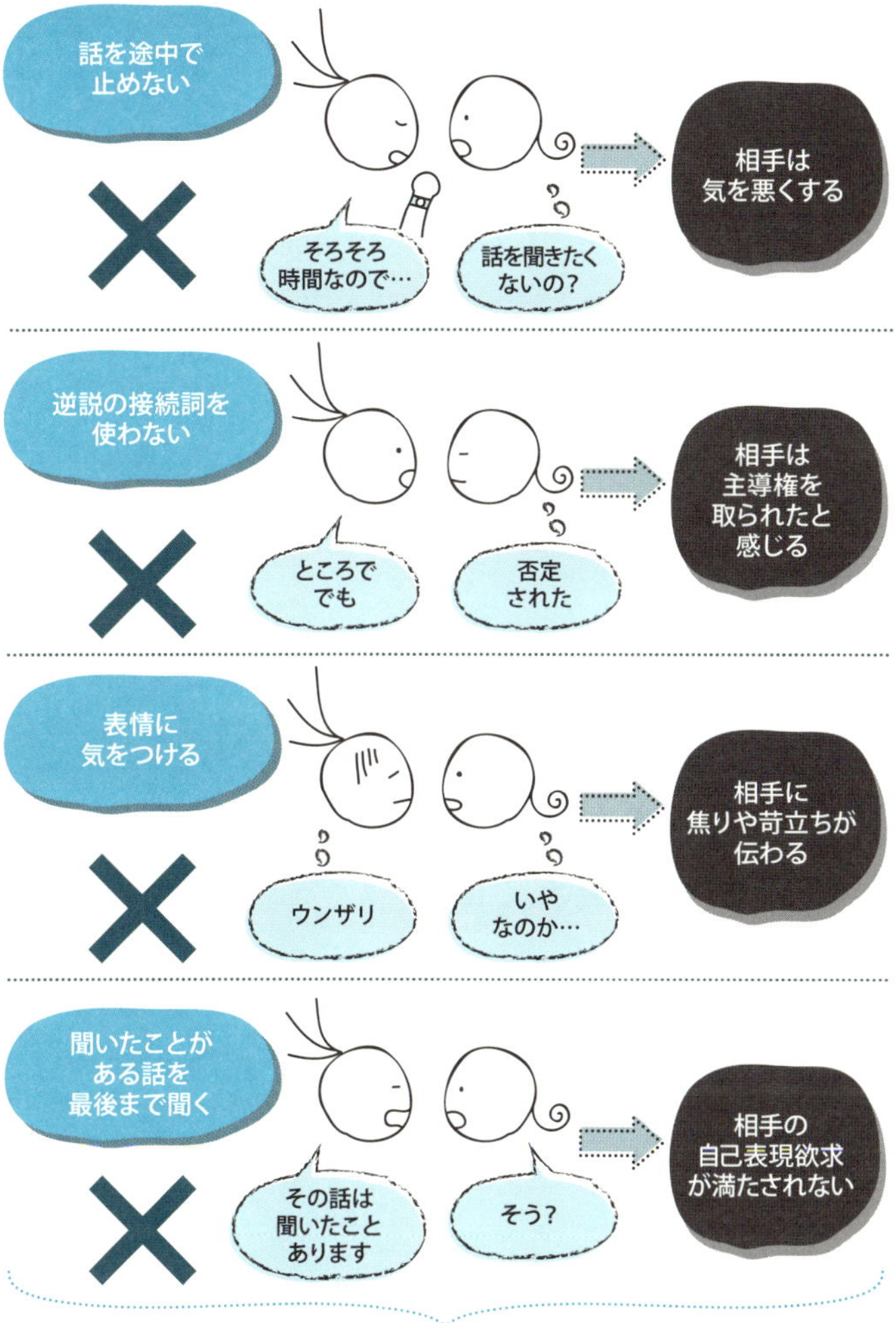

発言は、相手の話が終わってから

これが上位から下位に発言を受け継ぐときの鉄則です。これが守れないと、人の話を聞かない生意気なヤツとみなされ、まとまる話もまとまらなくなってしまうかもしれません。

Column

長く感じても、人の話は最後まで聞こう

アメリカで医師のベックマンらによる**「遮りの研究（Study of Interruption）」**の論文が出されています。

多くの医師が、患者の長話を聞き終えずに「ところで……」などと声をかけると、この**遮りが、不満の感情を引き起こします**。たとえ遮らなくても78%の患者は150秒で話が止まります。

好かれる話の始め方

02

「受け継ぎの法則」を守れ

★勢いがいい人、成功している人は、自分のことを話したがる
★相手が長く話しているほうが、人間関係はうまくいく
★目上の人から発言権を得るには適切なタイミングとやり方がある

長話できる人・できない人

あなたは会議で悔しい思いをしたことはありませんか。

「自分だってあのくらいは発言できたのに」

「○○さんが意見をいい続けたから、自分の出る幕がなかった……」

実際、勢いがいい人、周囲から人望を集めている人が話し出すと、他の人が話す余地はなくなります。

上司と部下の場合も、上司のほうが意見をいいやすいのが一般的。**部下は自分の話を聞くべきだと思っている上司は、部下が自分よりも多く話すことなど考えてもいません。**だから、部下のあなたが話すと、つい遮るのです。

一方的に話されても大丈夫

人間には「**自己実現欲求**」があります。

特に、一つの分野で成功する人は、人一倍、自分の能力を最大限使って夢を実現したいという「自己実現欲求」が強いものです。

こうした人は「努力する」「声が大きい」「表情にメリハリがある」「視線がしっかりしている」「アイコンタクトが強い」——などの特徴があります。

こんな人の前に出ると、つい相手だけが一方的にしゃべることになり、発言権は得にくくなります。

目上の人との会話では「今日は提案に行ったのに、相手の話を聞くだけで終わってしまった」と思うようなことが多いでしょう。

しかし大丈夫、心配することはありません。**話を聞いてもらえた相手は、あなたが自己表現欲求を満たしてくれたことで、満足感を得ています。**

つまり聞いてあげたことで、相手は喜ぶわけです。自分の用件を一つもいわないで帰ってしまうのはダメかもしれませんが、自分の話す時間のほうがはるかに短かったなら、後悔する必要はありません。

このタイミングで話し出せ

どうしても発言権を取りたい場合は、「**受け継ぎの法則**」を上手に使ってください。

ポイントは、相手の話の声がちょっと下にお

「自己実現欲求」が強い人の特徴

発言権が強く、一方的なスピーチになりやすい

発言権を得たいときは相手をよく見て 3つの「受け継ぎの法則」を利用する

POINT 1

相手の声の
トーンが下がったとき

POINT 2

相手の息継ぎの
タイミングがきたとき

POINT 3

相手が資料に
目を通したとき

相手の顔と声に注意しながら、タイミングを待とう

ちるフォーリングイントネーションで終わったとき。

いったん声のトーンが下がったときに「そうでしたか。よくわかります」とフィードバックを返して、自分の話にもち込みましょう。

相手の話に息継ぎなどのタイミングがきたとき、資料に目を落としたときもチャンスです。

相手の顔を見て、声を聞きながらタイミングをつかみましょう。自分が話したいという欲求だけで相手の話を遮って話を始めると、話ができても、結果的に好感や賛同は得られません。

Column

発言するときの３つの手順をマスター

自分が発言するときには、次の３つのステップを意識すると効果的です。

①**相手を観察**してタイミングをねらう
②**アイコンタクト**をするか**片手を小さく動かし**「話したい気持ち」を無言で発信する
③それでも相手が気づいてくれなかったときにはじめて**声に出して「あの…」**という

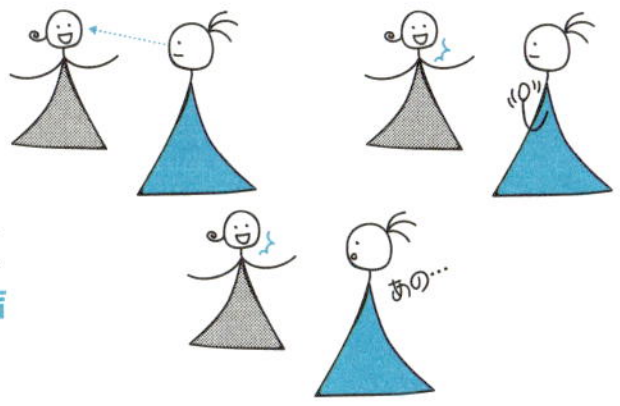

アイコンタクトの使い方

03

うなずきとあいづちがうまいだけで会話が転がる

★熱心に聞いてあげた人は必ず好かれる
★相手の話の内容を整理すると効果的
★相手が質問されたいことを質問すると話はどんどんつながる

よく知らないことを話されたら……

相手と自分の知識の量がまるきり違って、相手の話についていけない――そんなとき、無理やり言葉を挟んで自滅する人がいます。

たとえば「地方再生」という専門的な話題について「〇〇県もそうでしたね」などと間違っ

た合いの手を入れてしまうと「何だ、よく知らないくせに」と軽蔑されるだけです。

無理に合いの手を入れるのではなく、心をこめて深くうなずきながら目を見ましょう。「そうですか。それは驚きました」と**あいづちを打っているだけで、相手は安心して、どんどん話を進めていきます。**

実はこれが「**自己表現の返報性**（レシプロシティ）」と呼ばれているやりとりです。

こちらの話を聞いてくれたら、相手の話も聞いてあげたい――うなずき上手、あいづち上手が人から好かれるのは、こういう心理が働いているからです。

うなずきとあいづちは正しくする

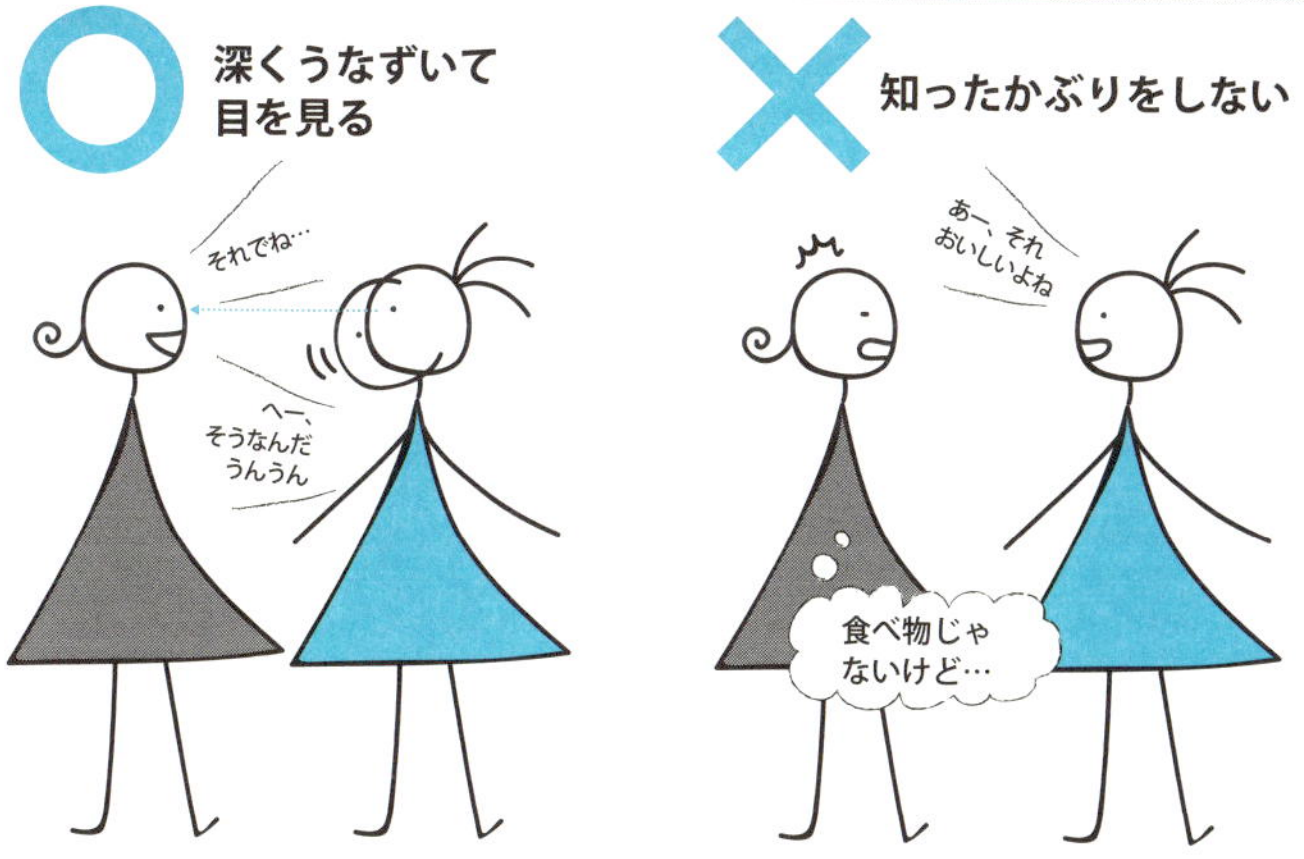
○
深くうなずいて
目を見る
それでね…
へー、
そうなんだ
うんうん
×
知ったかぶりをしない
あー、それ
おいしいよね
食べ物じゃ
ないけど…

うなずきとあいづちを効果的に使う

ポイントは、背筋を相手の方へ前傾させ、うなずきとあいづちを上手に入れながら、相手の話を転がしていくこと。

ただうなずいてあいづちを打つだけでなく、**質問の形であいづちを伝える**のも、一段レベルの高い方法です。「今お聞きした話は、自分としては○○という内容だと思うのですが。その解釈で合っていますか」などと質問するのです。

もともと相手は自分が主張したい内容をたっぷり聞かせたいと思っています。その内容をまとめて整理し「合っていますか」と聞くので、相手の話を熱心に聞いていたことが伝わります。

「その通りなんだよ、君」などと、さらに説明をしてくる可能性もあります。自分が話したいことを質問してもらうのは相手にとっても快感なのです。

聞いていたというサインを示す

相手が質問されたいことを質問してあげる。これが相手との話をうまく転がしていくコツ

高度なあいづちを打とう

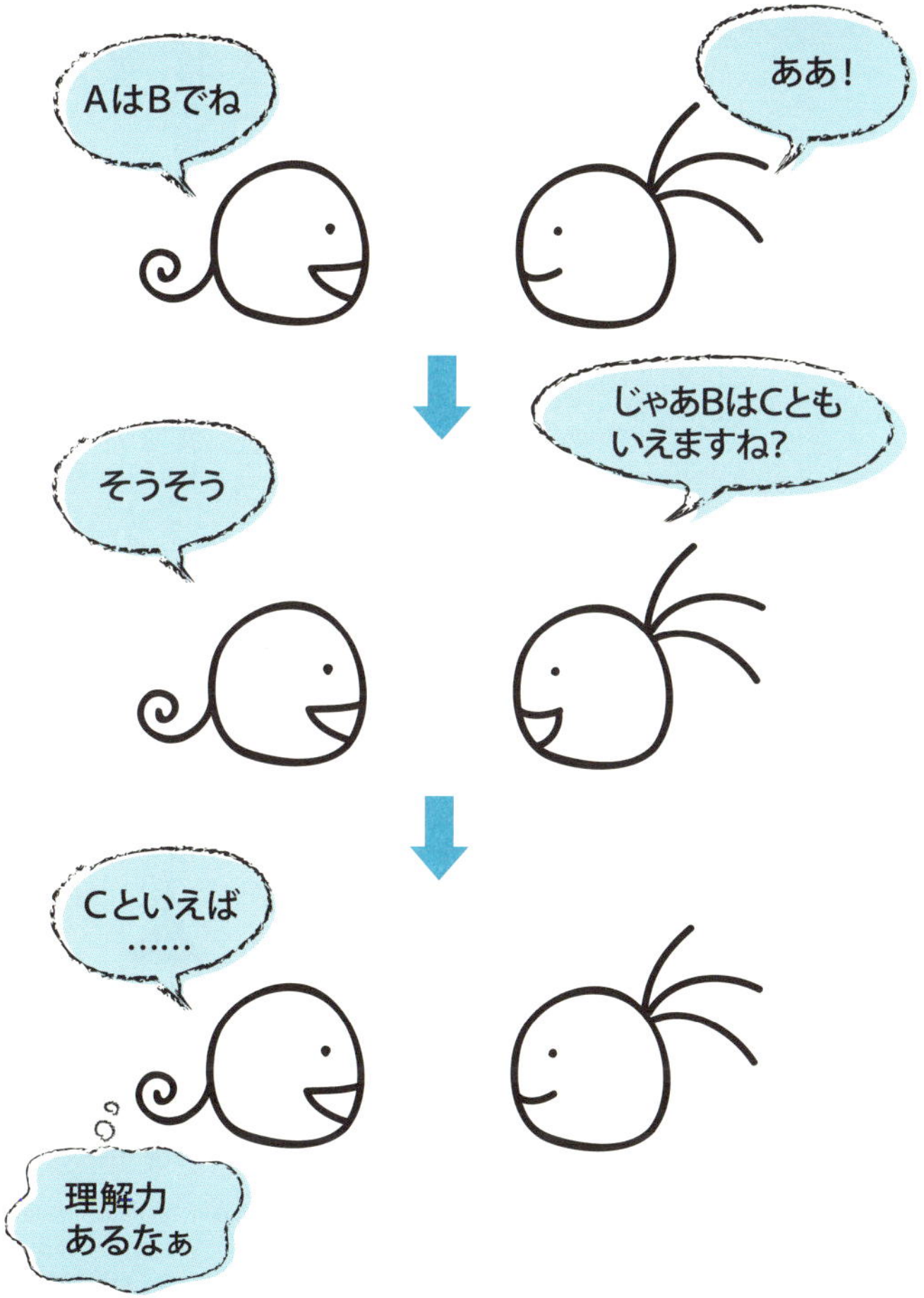

的を射た質問は相手にとって快感なもの

です。もちろんポイントがずれないようにすることが大切。そこで、**聞きながら相手の話を整理する必要があります。**

たとえば、相手の主張が3つあれば、第1は○○、第2は△△、第3は××というように、**主な話を箇条書きにまとめながら聞きましょう。**そして「自分の解釈はこの3点でしたが、合っていますか?」と質問します。これが、ちゃんと聞いていたというサインになります。相手が喜んで話をつなげていくきっかけになり、快適な気持ちで話を続けることができます。

Column

言語調整動作を利用して好かれる聞き手に

相手が「そうですか」とビックリしたり、「それってどういう意味ですか」と先を促してくれたりすると、なんとなく相手が好きになります。

このような動作のことを、心理学者のエックマンは「**言語調整動作(レギュレイターズ)**」と名付けています。

アイコンタクトの使い方

04

身を乗り出し、顔を輝かせて聞く

★傾聴するときに守るべきSOLER原則をおさえておく
★傾聴の原則を守っていると話が長続きする
★緊張を解くためのコツは「素直に聞くこと」

傾聴の原則SOLER

よく聞くことを「**積極的傾聴（アクティブリスニング）**」といいます。傾聴には**SOLER原則**という大原則があります。

SOLERとは

「S＝真っすぐに向かい合う」

「O＝開いた姿勢」

「L＝相手に体を傾けて聞く」

「E＝相手の目を見て聞く」

「R＝リラックスして聞く」です。


相手が話しているときによそ見をしているようでは「S＝まっすぐに向き合う」原則が守られていません。あまりに真正面でガッチリと向き合うと恐怖感や圧迫感があるので「ほぼ真っすぐ」の状態で向き合いましょう。

「O＝開いた姿勢」とは、まず腕組みをしないこと。**力を抜いて両腕を自然な形で垂らします。**座っている場合は、両手をひざの上でソフトに組むのが一番よい姿勢です。

SOLER原則を守ろう

- Squarely …… 真っすぐ向き合う
- Open posture …… 両腕を垂らし 開いた姿勢でいる
- Lean …… 相手のほうに体を傾けて聞く
- Eye contact …… 相手の目を見る
- Relaxed …… 緊張せずリラックスする

会話を長続きさせる原則を守ろう

「L＝相手に体を傾けて聞く」とは、よくいう「身を乗り出して聞く」感じです。**気を抜いて、背骨が後ろに傾くと「相手の話に興味がない」「退屈した」「わかり切っている」というメッセージが伝わる**ので注意しましょう。

「E＝相手の目を見て聞く」ことは、前にお話ししました（98ページ参照）。

「R＝リラックスして聞く」も忘れてはなりません。カチカチに緊張しながら聞いていると、相手も話しにくくなってしまうもの。心をゆったりと構え、相手の話に謙虚に耳を傾けましょう。

以上がSOLER原則です。

おもしろいことがあったら、パッと顔を輝かせて、さらに身を乗り出しましょう。こんな動作の繰り返しが、相手との会話を続かせる一番のコツです。

わからないことは率直に聞く

SOLER原則の中で、会話の初心者にとって一番難しいのが「R＝リラックスして聞く」。

リラックスするための緊張の解き方とは？

相手の話が高度で専門的になると、聞き手はどんどん緊張します。肩に力が入り、表情もこわばって笑うどころではありません。緊張すると心からゆとりが失われます。

このような緊張を解くコツが一つあります。それは**相手の話を全部理解する必要がないと割り切る**ことです。一部分でもわかっている内容については深くしっかりとうなずく。あまりわからない部分については率直に質問すればよいのです。「すみません、教えてくださいますか」といった具合です。

相手に説明を求めることは、自分に十分な知識がなくてもできるはずです。

Column

素直な姿勢で質問することが一番

知らないことについては、「そこを説明してください」というだけで、相手は、自分が十分話せることで気分をよくします。

わからないことは教えてもらえばいい。こう思えばリラックスできるはずです。

相手を乗せる話し方

05

声のトーンと話す速度を使い分ける

★同じトーンで話すと退屈させてしまう
★適度な速度とメリハリが大切
★メリハリをつける5つのポイントがある

盛り上がる「カラフルな話術」のコツを名曲に学ぶ

「名曲」と呼ばれる曲の多くは、小さい音、ゆっくりした速度で始まり、だんだん盛り上がって山場をつくっていきます。

人間の話も同じです。**最初から最後まで同じ声の高さや速さでは退屈**です。子守唄のように聞こえてしまい、相手も注意を払ってくれません。

話の入り口はスローに、クライマックスは速いテンポで大きな声にして、大切なキーワードはわざとゆっくり何度か繰り返しましょう。これは「**二元重複（コンデュプリケイション）**」と呼ばれるテクニックです。

有名なのが、オバマ大統領が大統領選挙勝利演説で繰り返した「イエス・ウィー・キャン（そう、我々にはできるのです）」という名台詞です。このキャッチフレーズは日本人の間でも大流行しました。

理想的な速度を意識する

話には理想的な速度があるのでしょうか？

原稿をつくる前に確認すること

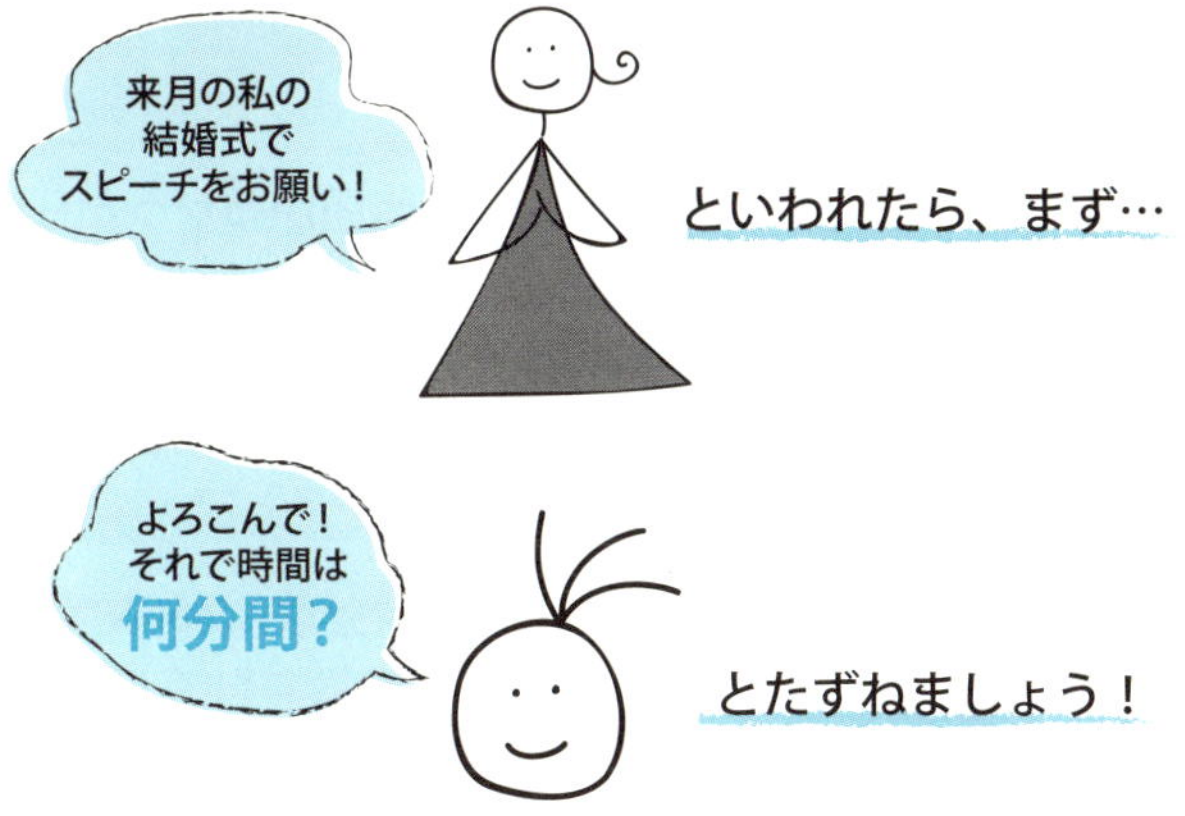
来月の私の
結婚式で
スピーチをお願い！
といわれたら、まず…
よろこんで！
それで時間は
何分間？
とたずねましょう！

はい、あります。

私が実験した１００人の計測データがあります。**１分間あたり２６６文字のスピードが日本人の対話で最も聞きやすい速度。**全部ひらがなで数えるのではなく、ほどよく漢字が入り交じった文章で、１分間あたり２６６文字の原稿をまず書きましょう。

そして、意味が伝わるようにしっかり発音してください。**場合によっては、同じ単語を繰り返してもＯＫ。**速いところ、遅いところ、声の大きいところ、小さいところでトーンを分けるのです。一定の速度、一定の声の大きさのモノトーンな話し方で、相手を眠くさせないようにしましょう。

話す文字数は1分間×266文字

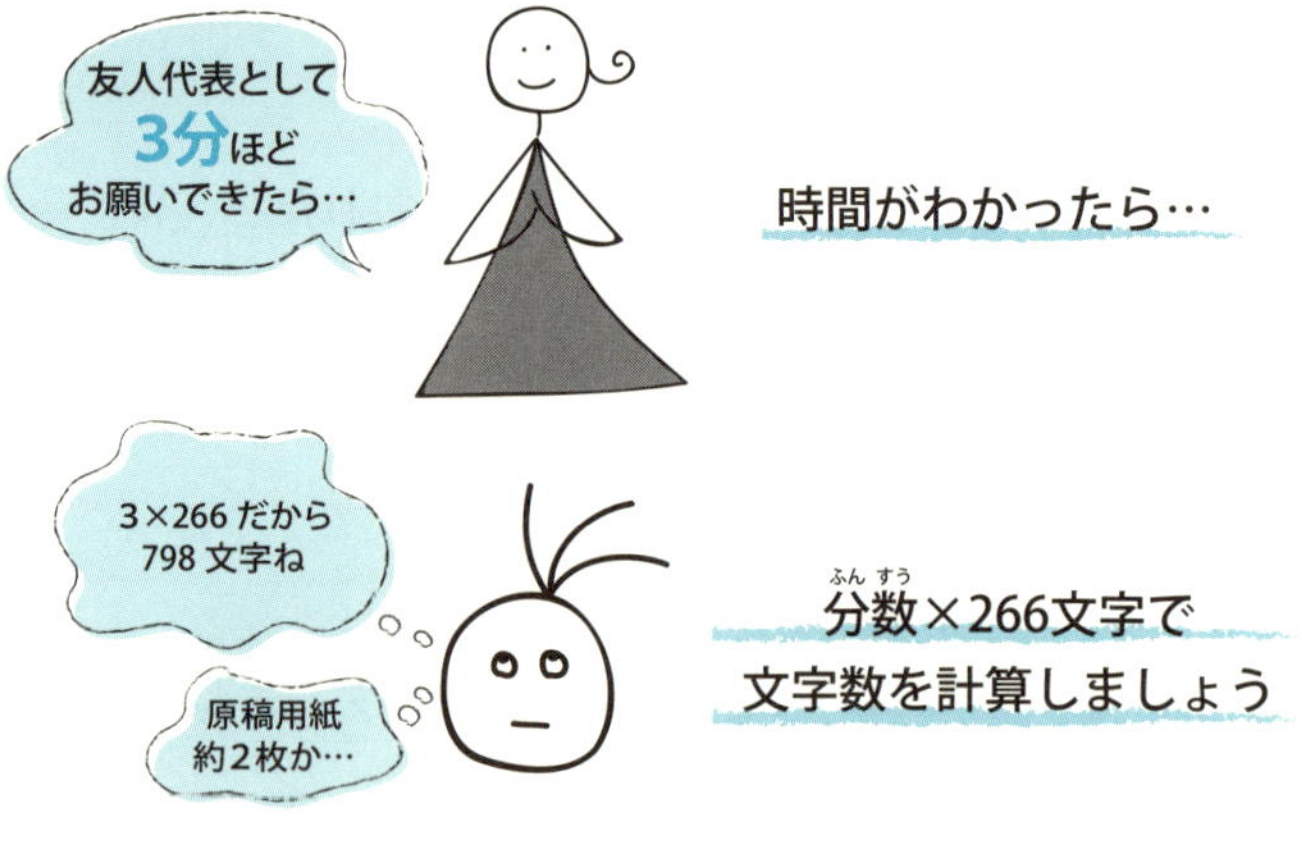
友人代表として
3分ほど
お願いできたら…
時間がわかったら…
3×266 だから
798 文字ね
原稿用紙
約2枚か…
分数《ふんすう》×266文字で
文字数を計算しましょう

メリハリをつける5つのポイント

大事なことは声にメリハリをつけること。メリハリをつける視点は5点です。

①声の強弱、②話す速度、③声の高低、④イントネーション、⑤ポーズ。この5つを「**周辺言語（パラランゲージ）**」といいます。言葉といつも共存していて、意味を強調してくれる一方、うまく使わないと言葉の意味が伝わらなかったり、逆になったりします。

周辺言語は、アメリカの心理学者バードウィステルが使い始め、現在もパフォーマンス学やコミュニケーション学で広く使われる概念です。

「周辺言語」でメリハリをつける

1. 声に強弱をつける
2. 話す速度をかえる
3. 声に高低をつける
4. イントネーションをつける
5. 間（ポーズ）をつける

声の大小にメリハリをつけ、高低も変え、速度もたたみ掛けてガンガン速く話すところと、ゆっくりと話すところのバランスをしっかり考えてください。

声のメリハリは、相手があなたの話をおもしろいと思って聞き続けてくれる大きな条件になります。言語を生かすも殺すもこのメリハリのテクニックしだいなのです。

Column

相手の心に橋をかける ブリッジングのコツ

顔と声としぐさを整えたら、「**ブリッジング**」を使ってみましょう。

たとえば新規の取引先で「こんにちは」の後に「素晴らしい建物ですね」と感心しながらいうと、相手との間に心の橋がかかります。「ここはミカンの名産地ですね」などと**ご当地ネタを使うのも効果的**です。

共感を呼ぶ
話し方

06

しぐさを真似して共感関係をつくる

★同調動作には「ミラーリング」と「ミミクリ」の2種類がある
★同調動作が出るのは人間関係がよい証拠
★同調動作で集団内の人間関係がわかる

恋人の二人が同じ動作をするワケ

恋人同士が公園のベンチに座っています。一人が空を見上げて、雲が動いていくのを見つめていると、もう一人も、雲の動きを視線で追いかけています。「同じように見つめろ」といわれたわけでもないのに、です。

好意や尊敬を持った相手の動作を無意識のうちに真似してしまう。これが「**同調動作**」です。同調動作が出たら、相手とはいい関係ができているといえます。

同調動作には「**ミラーリング**」「**ミミクリ（模倣）**」と呼ばれる2つの種類があります。**相手に共感を伝えたければ、相手のしぐさをほぼ同時に、または後から真似していく**ことをお勧めします。

ミラーリングとミミクリの違い

正確にいえばミラーリングとミミクリは似ているけれど違います。**ミラーリングは、脳のミラーニューロンがとっさに目の前の相手の行動**

同調動作は好意の表れ！

ミラーリングは
反射的に真似すること
ミミクリは意識的に
真似すること

をまるで鏡のように反射的に繰り返すこと。

二人の動作の間にはほとんど時間差がなく、ほんの一瞬の間に鏡のように相手と同じ動作を繰り返す。そこには「関心」はありますが、「尊敬や好意、憧れ」といった深い感情は入っていません。

一方の**ミミクリ（模倣）は、八百屋さんごっこなどの「ごっこ遊び」に代表される行為**で、アメリカの心理学者バンドラーの「神経言語」のテーマです。格好いい上司に部下が似るしくみです。

動作を見れば人間関係もわかる

会社などで、誰が誰とどんな関係があるかを

ミラーリングは反射的に起こる

つられてカップをもち上げる
思わず自分にもついていないか確認する
あっ
ごはんつぶ

好意の気持ちがなくても反射的に起こる

見抜くのに、ミミクリほど有効なものはありません。

ミラーリングの場合はとっさに真似をするので、本当にうまくいっているのかどうかは、正確にはわかりません。ところがミミクリには意志が働いています。

ある会社で、部長が赤いネクタイをしてきたら、次々とみんな赤いネクタイをするようになった――これがミミクリです。この場合、部長は社内で大きな権力を発揮しています。

部長が赤いネクタイをしていても誰も真似をしない、むしろ違う色のネクタイを選んでしてくるとなれば、この部長は誰からも模範として見習われていないことになります。

集団の中で、誰が誰に対して尊敬や好意を

「ミミクリ」は意識的に行う

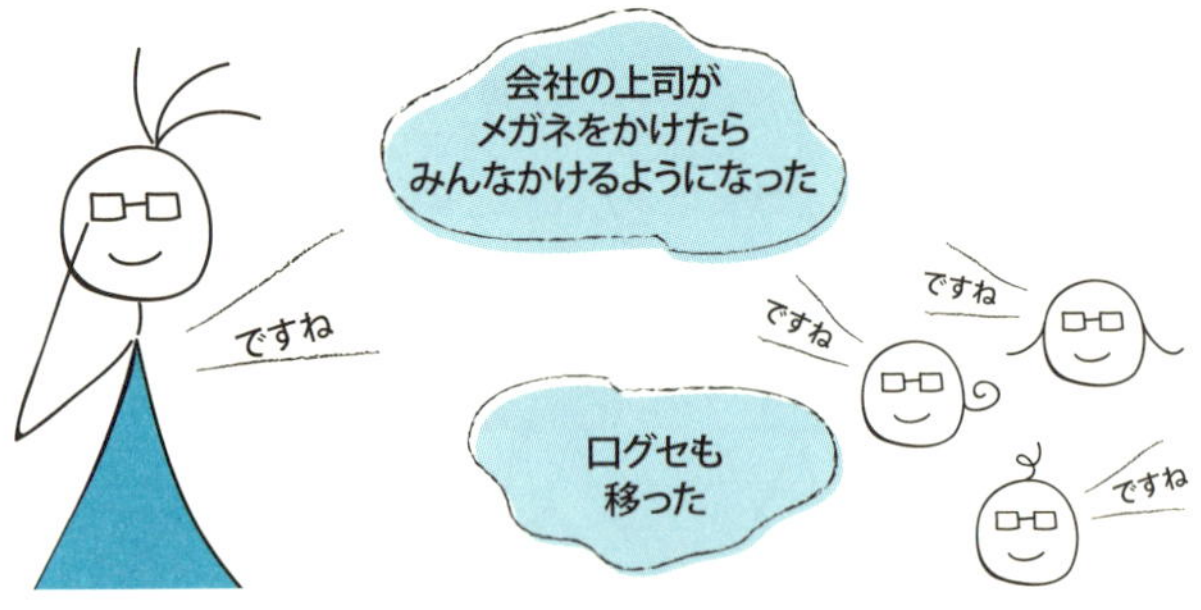
会社の上司が
メガネをかけたら
みんなかけるようになった
ですね
ですね
ですね
ですね
ログセも
移った

**自分の意志で権力者などの
行為やログセを真似る**

もっているかを見抜くには、ミラーリングやミミクリを見ることです。

たとえば「だよね」というような口癖はすぐに移ります。一つの会社の中で、権力がある人の話すクセや動作がそのままその下の人、さらにその下の人へと移っていったりします。

Column

ミミクリをして理想の自分に近づく

葉っぱの色と自分の色をそろえて捕まえられなくする。こんな動物による擬態もミミクリです。

ミミクリは、時間がかかってもあなたが理想とする姿をだんだん真似していくことでもあります。

共感を呼ぶ話し方

07

相手の悲しみを受け止め、表情としぐさで伝える

★共感関係をつくればコミュニケーションが円滑になる
★ラポールの原則は、相手の感情に合わせること
★相手が悲しんでいるときは無理に励まさないほうがよい

共感関係が人間関係を好転させる

相手の話を聞いて受けとめ、相手とよい関係をつくっていくことを「**ラポール形成をする**」といいます。フランス語では「rapport（ラポー）」です。

ビジネスでも「あの人とラポールができているから話がしやすい」などと、よく使われる

言葉になりました。こういった共感関係は、人がコミュニケーションをとっていくときに一番いい状態を示しています。

ラポールを築くには、まず相手に微笑みかけたり、握手を求めたり近寄ったりして「相手と親しくなりたいです」という「親和表現」を発信します。それに対して相手が同じように応えてくれれば共感関係への第一歩です。

そんな状態であれば言葉が少々乱暴であっても大丈夫です。

信頼関係がありラポール形成ができている二人の間では「そんなことをいってはダメじゃないか。ばかだねぇ」という会話も笑顔で楽しそうに交わされます。そして率直にいってくれる相手がますます好きになります。

ラポールを形成するには？

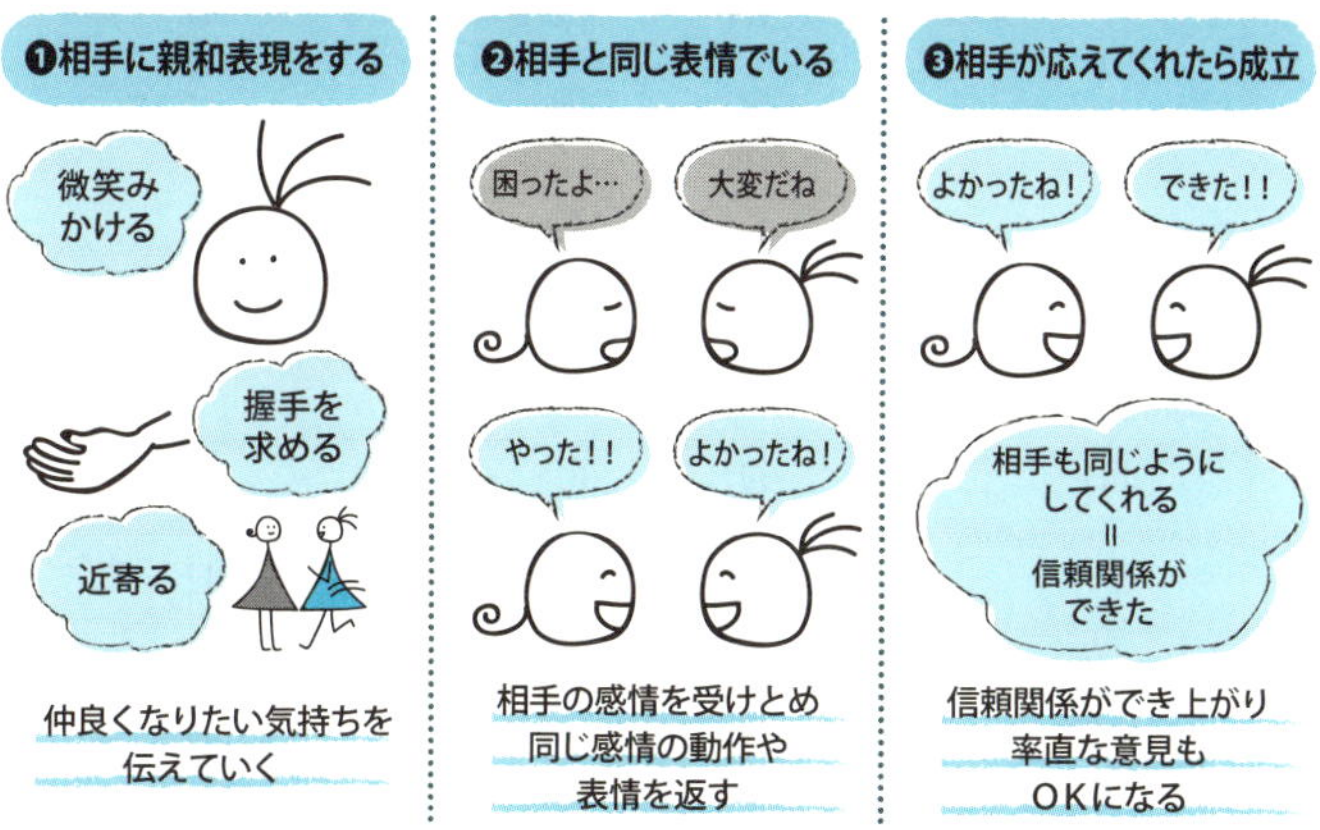
❶相手に親和表現をする
微笑みかける
握手を求める
近寄る
仲良くなりたい気持ちを伝えていく
❷相手と同じ表情でいる
困ったよ…
大変だね
やった！！
よかったね！
相手の感情を受けとめ同じ感情の動作や表情を返す
❸相手が応えてくれたら成立
よかったね！
できた！！
相手も同じようにしてくれる
＝
信頼関係ができた
信頼関係ができ上がり率直な意見もOKになる

同じ表情で応えるのが基本

初対面でラポールができず、なんだか嫌な人だと感じると、時間が経つにつれ相手の嫌なところが目につきます。

そうならないためには、相手が何らかの感情を発信したら、それをまっすぐに受け止めます。そして**同じ感情を表す動作や表情を返してあげる**のです。

たとえば、ちょっと眉をひそめて「今困った状態なんだ」といわれたら、同じように眉をひそめ、「そうなんだ、大変なんだね」といってあげましょう。

相手が悲しみの表情を出したら、こちらも悲しみの表情。明るい表情には明るい表情で応えるのが原則です。

明るく励ますのが逆効果になるとき

相手がとても悲しんでいるときに、わざわざそれに気づかないふりをして明るく励ますやり方もありますが、**両者のラポールができていないときに、相手の感情を打ち消そうとして反対側の感情を出すのはかなりの冒険です。**

ラポールができていないときに逆の感情表現はNG

悲しんでいる相手を励ますつもりで「頑張って」といったら、「何をどれだけ頑張ればいいの」と切り返されるかもしれません。

人は悲しみや苦しみなどの**否定的な感情をもっているときは、相手の喜びや希望といった肯定的な表情や言葉がけを苦痛に感じることがある**からです。

相手が順調であれば、こちらもニコニコと聞いていられます。「いいことがあったよ」といえば、こちらもビッグスマイルで「よかったね」といってあげましょう。

Column

眉間を揉むしぐさは人前で見せてはいけない

コミュニケーションに不要なさまざまな動作を「**ノイズ（雑音）**」と呼びます。ノイズは、対話の目的を邪魔します。

具体的には、**相手が話しているときに眉間を手の親指と人さし指でつまんだり、手のひらで首の後ろをこすったりする癖**が日本人の多くに見られます。

特に男性に多いので要注意。会話中はノイズを出さないよう気をつけましょう。

気持ちを上手に伝える

08

ジェスチャーのサイズを使い分ける

- ★特に異文化同士では、ジェスチャーの使い方による失敗は多い
- ★文化が同じでもＴＰＯでジェスチャーを変えたほうがよい
- ★大小のジェスチャーを使い分けるのが効果的

身振り手振りは国や文化で違う

「サインランゲージ」という言葉があります。これは身振り手振りなどの言語のことで一番よく知られているのは、耳の不自由な方たちが使っている手話です。

手話のルールでは、話す人と聞く人は、動作や形を変えてはいけません。変えると話がつ

ながらなくなるからです。

ところが、**私たちが使っている身振り手振りは国や文化によってさまざま。**たとえば、欧米ではげんこつの親指だけを立てて「やったー!」「うまくいった!」というサインを出します。

一方、日本では同じサインで上司を示すことがあります。つまり、**ジェスチャーは文化が違えば失敗することが多い**のです。

同じ文化でもジェスチャーが違うとき

サインランゲージの違いは、その国の文化の中で覚えていくのが一番ですが、テキストで勉強することもできます。

違う国や違う文化の人に会うときは、事前に

ジェスチャーの大きさは相手との親密度と距離による

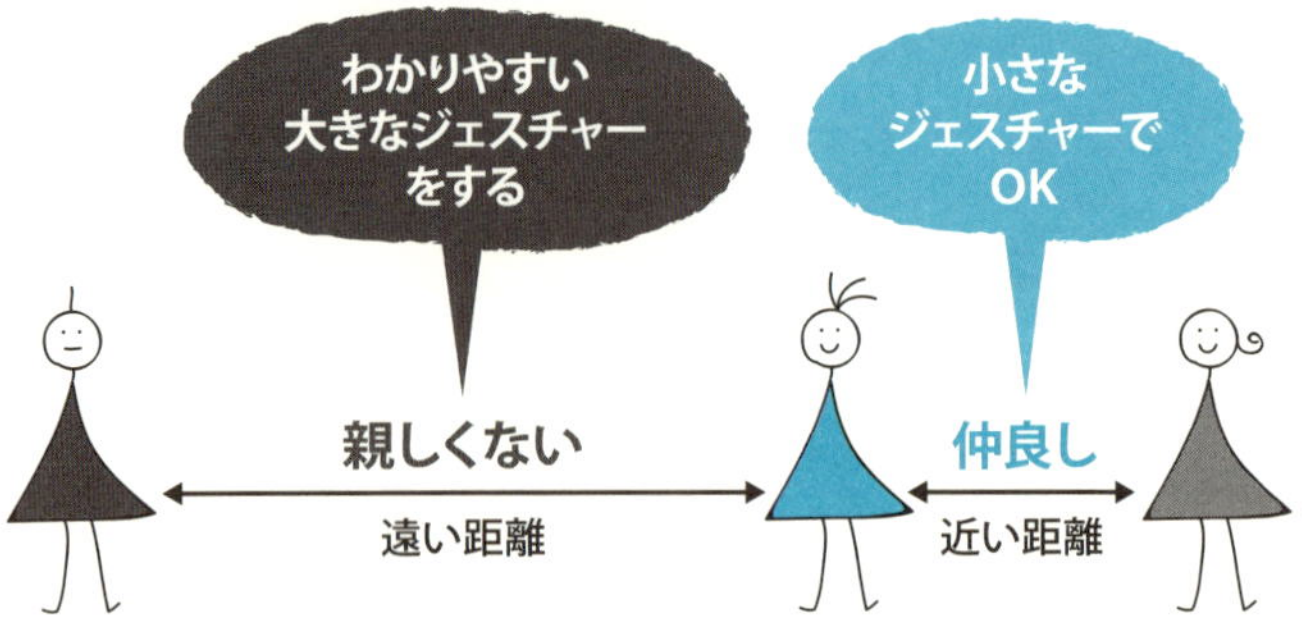

わかりやすい
大きなジェスチャー
をする
小さな
ジェスチャーで
OK
親しくない
遠い距離
仲良し
近い距離

サインランゲージを調べておくと失敗しなくてすみます。

ところで、**文化が同じでもジェスチャーのサイズを変えなければいけない**ことに気づいていますか？

たとえば、サッカーやラグビーで優勝すると、選手はお互いの体によじ登ったり、派手なガッツポーズをしたりして喜びます。でも、相撲で優勝した人はガッツポーズをしません。同じように、ジェスチャーが地味な会社の中で派手なジェスチャーをすれば、「大げさなやつだ」と嫌われます。逆に大きなジェスチャーの集団の中で言葉だけを話し、何も動作をしなければ、本気で話していないという印象を与えるでしょう。

今、どんな場面で相手とはどんな関係なのかという「**場**」と「**かかわり**」の2つのキーワードでジェスチャーのサイズを選びましょう。

大小のジェスチャーを使い分け

胸を張り、両手を肩より上まで上げたり、首を大きく振ってうなずく。こういった大きなジェスチャーと、動いているかどうかやっとわかる程度の小さなジェスチャー（**ミクロ・ジェスチャー**）を場合により使い分けましょう。

国や文化によって、ジェスチャーの意味はさまざま

人さし指と中指を立てる

▶日本
「平和」「勝利」「2」

▶ギリシャ
「犯罪者」「くたばれ」

▶アメリカ・イギリス・オーストラリア
裏ピースは「侮辱」

親指と人さし指で丸をつくる

▶日本
「OK」

▶フランス
「役立たず」「ゼロ」

▶トルコ・ブラジル・ベネズエラ
「卑猥」

親指を立てる

▶日本
「よい」「わかった」「上司」

▶フランス
「OK」

▶タイ
「非難」

▶アフガニスタン・ギリシャ・イラン
「侮辱」

手のひらを上に向けて指を折る

▶日本
「おいで」

▶フィリピン
犬に向けて「おいで」

手のひらを相手に向ける

▶日本
「ストップ」

▶ギリシャ
「侮辱」

小指を立てる

▶日本
「彼女」

▶中国
「できが悪い」

さらに、両者の関係性も大切です。大体お互いのいいたいことがわかっている親しい人同士であれば、あまり大きな動作をしなくても話が伝わります。

また、相手と120㎝ぐらいの近い距離で向き合って話をしているのに、やたらに「**オーバージェスチャー**」になると、やり過ぎの感じがします。うっとうしがられたり軽い人だと思われることもあるので要注意です。

Column

よい習慣も、文化が違うと悪い習慣になる

私たちは丁重に何度もお辞儀をするのがいいと思っています。でもこれを見た欧米人は、「日本人はバッタのようにお辞儀を繰り返す。卑屈な感じだ」といいます。

文化が違うとジェスチャーの意味も違ってくるため、逆効果になってしまうことがあるのです。

気持ちを
上手に伝える

09

謝罪の姿勢と目の使い方

★謝罪の効果を決めるのは「姿勢」と「目の使い方」
★形式的な謝り方では謝罪の気持ちは伝わらない
★心を込めて、自然に見える形の謝り方をすることが大切

謝罪をするとき気をつけるべきポイント

謝罪のときは、誰でも「申し訳ありませんでした」といいます。でも、そのときの姿勢と目の使い方で失敗すると「本当に謝っているのか」と反感を買います。

ある食肉関係の経営者が謝罪したときは、外で正座して顔をアスファルトにつきそうにし

て泣き声を出しました。見た人は一生懸命謝っていると思ったでしょう。

ところが、テレビ局の依頼で私が分析した横から見た映像では涙は一滴も出ていません。泣いたふりをして、泣いていない顔を人から見られないために顔を思いきり低くしていたのです。

目の使い方も問題です。一度は相手の目を見てからお辞儀をしましょう。上司や社長の顔を見るなりパッとお辞儀をしたのでは、謝っているかどうかが目から伝わりません。**謝罪の姿勢と目の使い方には誠意が出ます。**

長い間お辞儀すればよいとは限らない

最近、大企業のトップが人前で頭を下げる場面がよくテレビで放映されます。深々と頭を下げて、なかなか頭を上げません。これで丁重な謝罪であることを表そうとしています。

ところが、この謝罪方法も反省すべき時期がきているようです。前もって数分間しっかりと頭を下げようと打ち合わせをしているとわかってきたからです。たとえば幹部３人が並んで頭を下げている場合、３人そろって同じ角度と時間で頭を上げています。

このように**謝る動作が形式化されると、見ているほうもたいして謝られた気分がしなく**

なってきます。

謝罪の後に関係が深まる仕組み

パフォーマンス学では謝罪の場面を非常に重視しています。人と人の間にいき違いがあると、**①分離→②危機→③つくろい直し→④再統合**の順に関係は進みます。

①分離はちょっとしたいき違い。

②危機はそのいき違いが大きくなり、けんかになったり絶交になったりする段階。

しかし、その後で**③つくろい直し**ができれば、**④再統合**で両者の関係は前よりもよくなります。

つくろい直しの典型は謝ること。自然に見え

謝罪のポーズではなく、気持ちを伝える行為

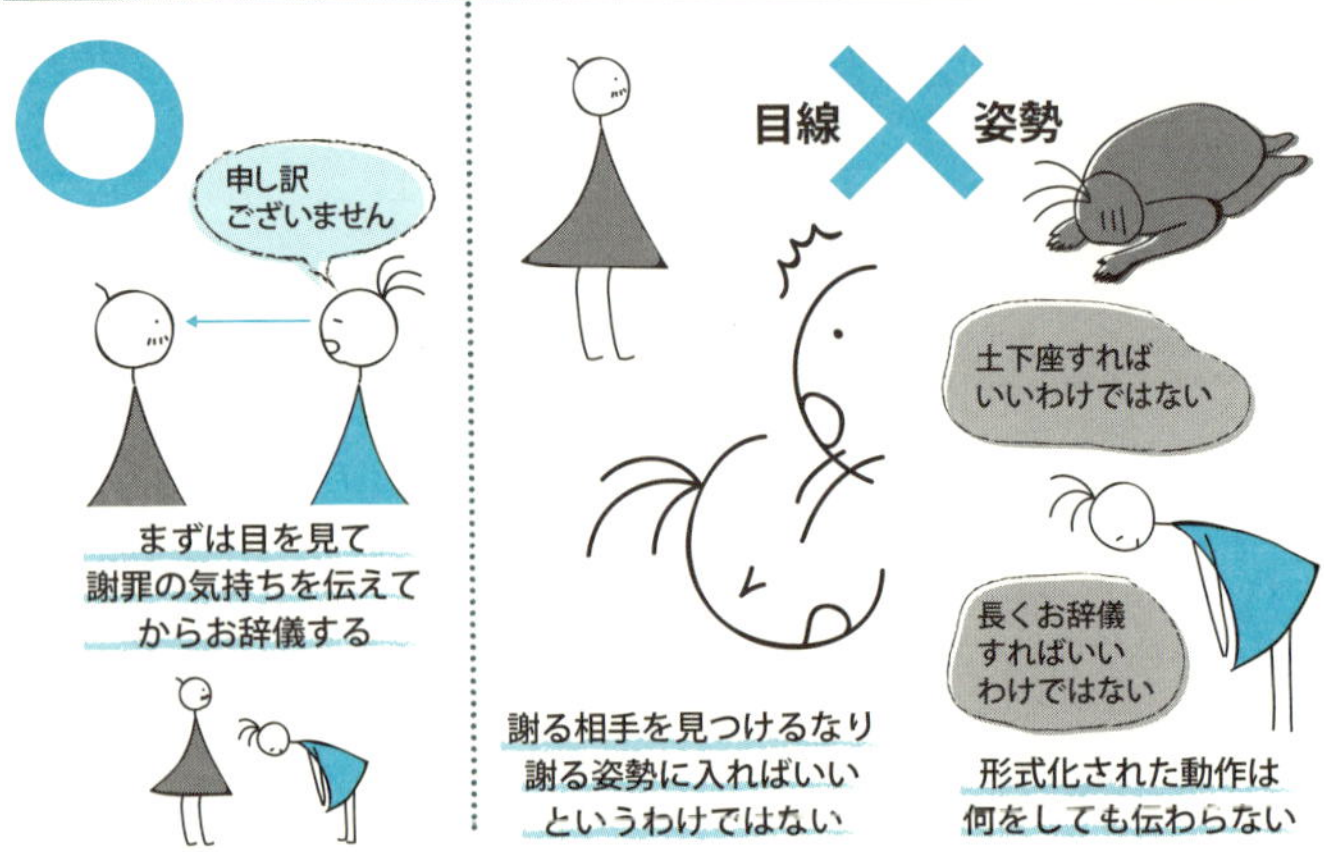

申し訳ございません
まずは目を見て謝罪の気持ちを伝えてからお辞儀する
目線
姿勢
土下座すればいいわけではない
長くお辞儀すればいいわけではない
謝る相手を見つけるなり謝る姿勢に入ればいいというわけではない
形式化された動作は何をしても伝わらない

いき違いが生じたときの4つのプロセス

分離
（breach）
…ちょっとした
いき違いが起きる

危機
（crisis）
…大げんかになる
絶交する

つくろい直し
（redressing action）
…謝罪する

再統合
（reintegration）
…さらなる
信頼関係が生まれる

謝罪がうまくいかなければ
決定的な別れとなる

る謝罪が大事です。**お辞儀は長すぎず、心を込めて、その場に一番ふさわしい謝り方をするように意識しましょう。**

何かミスをしてしまった場合、なるべく早く謝罪をすることが大切です。

心を込めて、目にお詫びの気持ちを込めながら、きちんとした言葉で「すみませんでした」「申し訳ありませんでした」などと丁寧にお詫びしましょう。

Column

長い時間深いお辞儀をすればいいというものではない

ある歌舞伎関係の人が不祥事を起こし、直角に腰を折ったまま、長時間その姿勢をキープして謝るのを見ました。歌舞伎の場面としては最高に美しい姿勢です。

ですが、わざとらしさが見えました。**深すぎる腰の折り方、長すぎるお辞儀も、これまた変**なので、決して真似しないようにしてください。

気持ちを上手に伝える

10

相手が首を傾けたら、疑問をもったと気づこう

★相手がノイズを出したら伝わっていない証拠
★日本人は本音をいわないので暗示された意味に気づくことが大切
★的確な質問をすると周りの評価も上がる

うまく伝わらないときの対処法

自分が何か説明を始めたときに、相手がふっと首を左右に傾けたとします。これは言葉でいうと「何ですかそれは?」と何か疑問をもったのです。その瞬間に話を止めましょう。そして、もっとわかりやすい言葉で説明し直してください。それをせずに話を進めてしまうと、

相手は話の内容についてこられなくなります。

相手があなたの話の最中に、何らかのノイズを出してきた。このときは、すぐに気づいていい換えるか、「何かもう少しご説明が必要ですか」と質問をしましょう。

傾聴のコツは、「**①自分の感情をコントロールして聞く**」「**②相手に感情移入して聞く**」「**③的を絞って質問する**」の3つです。

本音をいわない日本人

日本のことを熟知していたライシャワー元駐日大使が日本人についての論文を書きました。その中で欧米人の「脳思考（cerebral thinking）」に対して、日本人は「**腹思考（visceral thinking）**」だといいました。

日本人は本音をいわないので、相手の気持ちを正確につかんだ人が人間関係に成功するのです。そのために必要な条件が前述の3点の傾聴のコツなのです。

特に、感情コントロールは、忙しくて疲れているとつい失敗します。バタバタしているので相手の気持ちを深く考えるより先に返事をしてしまうのです。

聞き手のノイズを見逃さないように

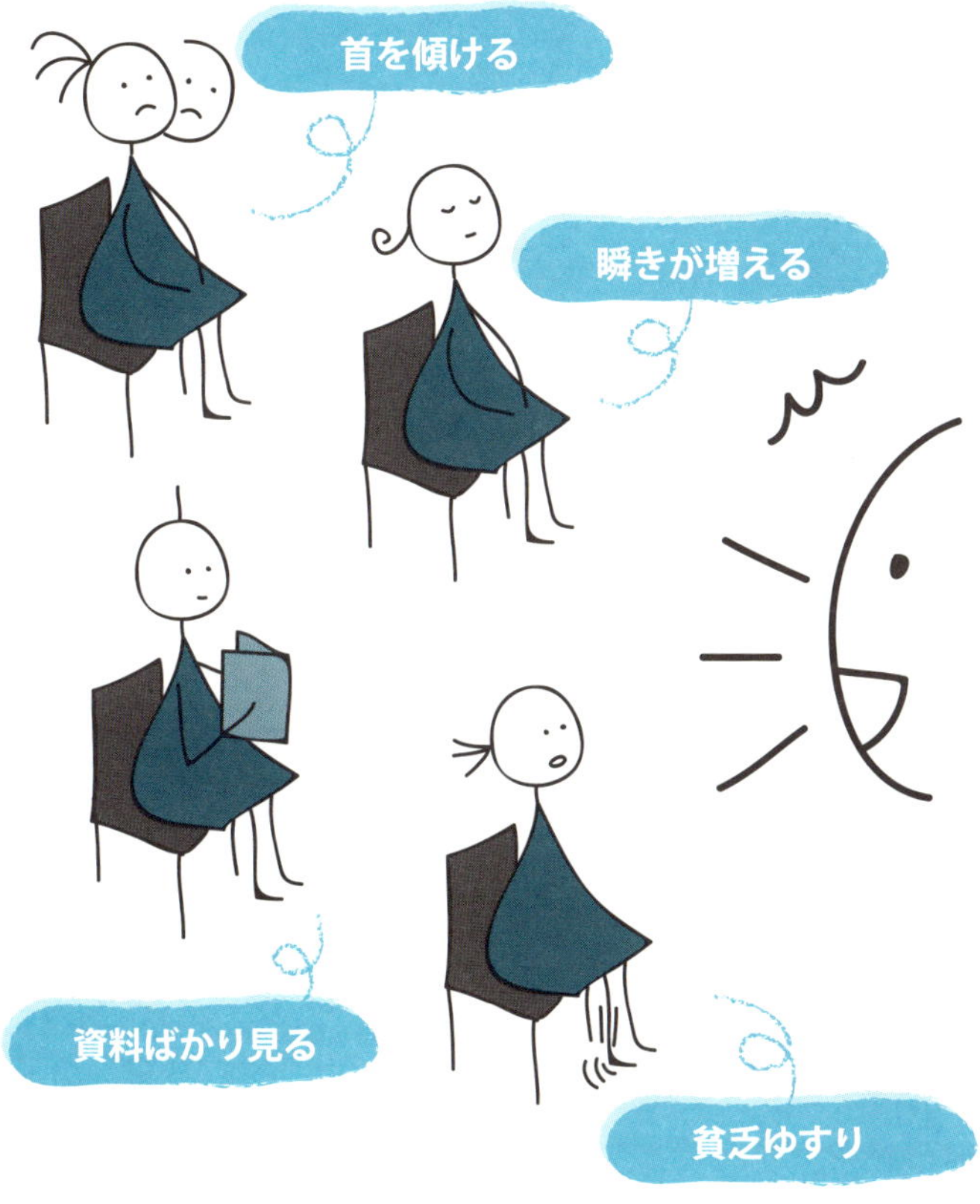

ノイズを見つけたら説明し直したり
疑問点をたずねよう

的を絞って質問する

3番目の「的を絞って質問をする」の重要性については、あなたもきっと心当たりがあるでしょう。

せっかく発表した後、「自分もそう思います」「実は自分も同じような仕事をやっていたのです」などと、自分のことを長々と話して、質問なのかつぶやきなのかわからない発言をして終わらせる人がいます。

こういう人は自己顕示欲求の塊。「自分はあなたよりももっと知っている」ということをいいたくて、質問があるようなふりをして発言権を自分のほうにもっていっただけです。

こんな質問者がいたら**「貴重なご意見をあり**

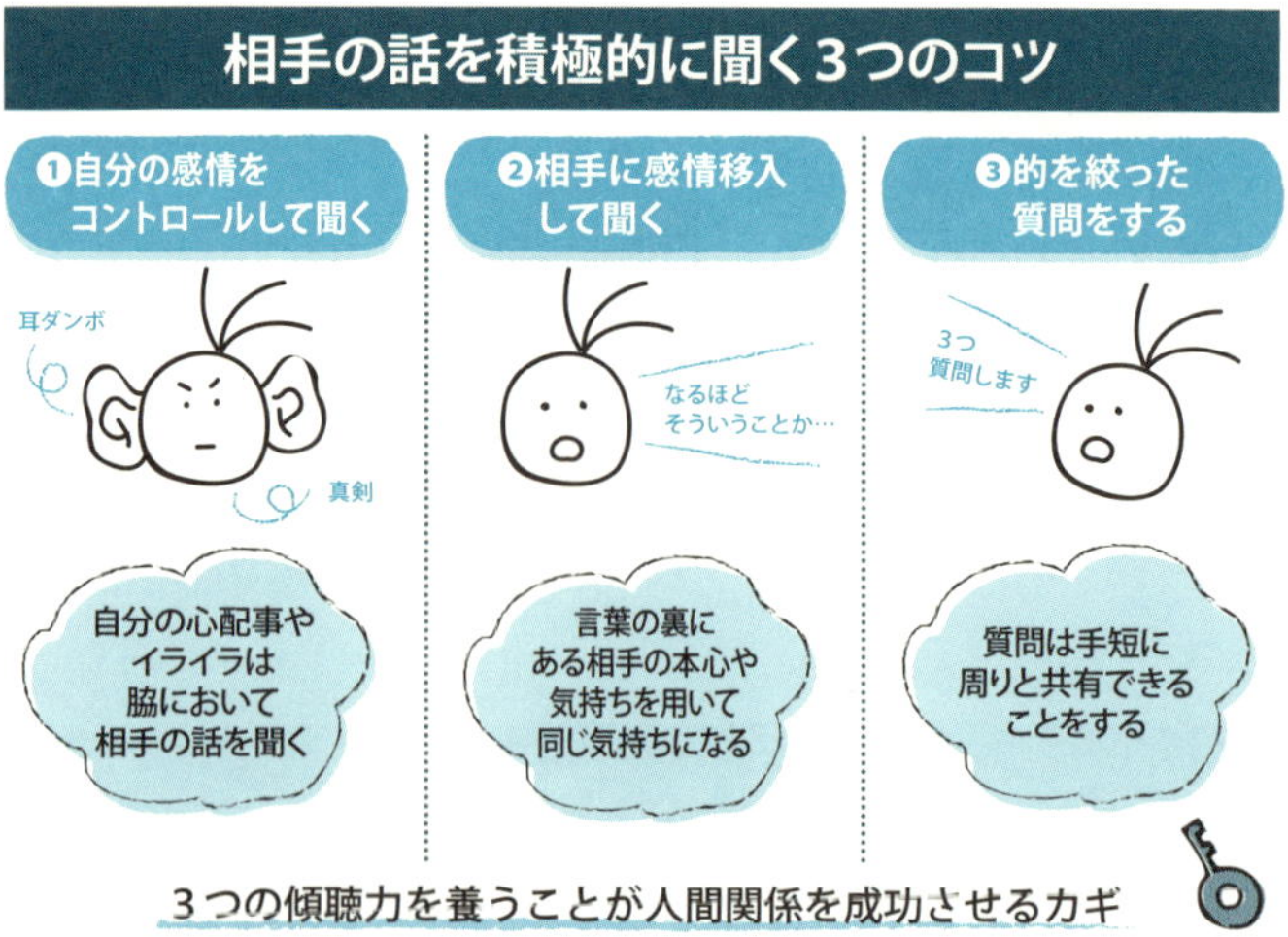

相手の話を積極的に聞く3つのコツ
❶自分の感情をコントロールして聞く
耳ダンボ
真剣
自分の心配事やイライラは脇において相手の話を聞く
❷相手に感情移入して聞く
なるほど そういうことか…
言葉の裏にある相手の本心や気持ちを用いて同じ気持ちになる
❸的を絞った質問をする
3つ質問します
質問は手短に周りと共有できることをする
3つの傾聴力を養うことが人間関係を成功させるカギ

がとうございました」といってまともにとりあわないことをお勧めします。

また、あなたが質問する場合は、たとえば「３つ質問があります」といって手短に質問することを意識してください。

その質問が会場全体の人たちの役に立ち、共有できるような質問であれば、周りの人たちも共感して聞いてくれます。この結果、あなたの株はぐんと上がるでしょう。

Column

本音をいわない日本人の気持ちは伝わりづらい

Ｎ君は、上司から「**できたらやっておいてね**」といわれた仕事を放置して帰りました。

翌日、「仕事できてる？」と聞かれてビックリ。上司は最低でも翌日までにはやっておいてほしいと思っていたのです。Ｎ君が「できたら…」に**隠された上司の焦りを表情や声の緊迫感から気づいていれば、こんな失敗はしなかったはず**です。

できる人・好かれる人になるためのドリル③

問題1

話す機会を得るためにするべきことは？

A 相手の自己表現欲求を満たす

B 相手の話に割って入る

問題2

相手の話す内容がわからない場合は？

A 間違っていてもいいから、軽快に合いの手を入れる

B わからないことについて質問する

問題3

リラックスして話を聞くためのコツは？

A 話される内容を完全に予習していく

B 全部理解する必要はないと開き直る

問題4

3分間のスピーチをする場合の適切な文字数は何文字？

A 約550文字

B 約800文字

問題5

共感関係（ラポール）を築く過程で、相手への適切な態度は？

A 落ち込んでいるときは明るく励ます

B 落ち込んでいるときは一緒に落ち込む

問題6

話している最中に聞き手が首を傾けるのは何のサイン？

A 「聞いたことがある話だ」

B 「内容がよくわからない」

答え

問題1／A（→150ページ）　問題2／B（→160ページ）　問題3／B（→165ページ）　問題4／B（→170ページ）　問題5／B（→180ページ）　問題6／B（→195ページ）

特別付録

初公開！

佐藤綾子の
表情分析・事件簿

有名人の「見た目」と「話し方」

何か事件が起きて、テレビ画面で関係者が発言すると、決まって「あの言葉は本心ですか?」「それとも、嘘を言っているのですか?」とテレビや新聞、ラジオなどの各メディアが私に取材にやってきます。

一日にテレビ局3社が次々にやってきて「なるべく他局で言ってない情報をください」などと言われることも珍しくありません。頼まれると私もプロですから「はい、お任せ」と胸を張って引き受けています。

そうしたことから「人間ウソ発見機」というあだ名をつけていただいていますが、私のやり方は、機械とは違います。ウソ発見機は、血圧や心拍数(ものによっては脳波なども)の変化を計測しますが、私が見ているのは非言語表現、つまり「表情」や「しぐさ」です。

実際、たった1秒間の映像から瞬時に相手の感情や嘘を正確に読み取ることは、私には普通のことです。長年の研究データがその土台にありますから、百発百中の的中率を誇っています。

そこで本書では、これまでにテレビや新聞などにコメントした中から、いくつかをご紹介したいと思います。紙媒体できちんとまとめたのは初めてで、本書が初公開です。

こうした有名人の成功例や失敗例を読むことで、非言語表現の怖さと、同時に素晴らしい魅力を知っていただいて、よい人間関係づくりの達人になっていただきたいと思います。

元日本テレビキャスター 丸岡いずみさんの〝人たらし〟の秘密

丸岡いづみさんは『真相報道　バンキシャ！』や『情報ライブミヤネ屋』などの日本テレビの番組で活躍した敏腕の報道記者兼キャスターです。

丸岡さんは『ひとたらし』（主婦と生活社）という本を書いていますが、〝ひとたらし〟は彼女のニックネーム。初対面でもたくみに相手の心に入り込み、普通なら初対面の相手には話さないようなことをしゃべらせてしまうので〝ひとたらし〟と呼ばれるよ

うになったようです。

私は、彼女の表情をあるテレビ番組の依頼で分析したことがあります。**彼女の人たらしの秘密は、初対面の相手に話しかけるときの表情筋の使い方（78ページ）**にありました。

丸岡さんのインタビューを映像で見ると、口輪筋（114ページ）を使って口を横に大きく広げて「こんにちは～！」などと言って相手に近づいています。口を横に広げるので、顔つきもやや横に広すぎるくらいの丸顔になっています。

丸岡さんの写真を見ると、普通の表情で撮った写真は、丸顔という印象はありません。ところがテレビ番組などの映像で丸岡さんを見ると、その印象は丸顔なのです。

「丸顔」というのは、私の研究の言葉でいうと「幼児性の残る顔」です。逆に、成熟した大人の「完成された顔」というのは縦長になるのです。

普通、ビジネスパーソンが子供っぽく見えるのはプラスではありません。童顔すぎて子供っぽく見られがちな人が、成熟した大人の顔に見せるために「上の歯と下の歯の間に空間を作って顔が縦長になるように操作して笑う」というテクニックがあるくらいです。

丸岡さんはその反対のことをしています。**表情統制（79ページ）で「童顔」を作って、近所のお姉ちゃんのような親近感を出**

すことで、相手に心を開かせているのです。

丸岡さんは、社会人になってから早稲田大学の修士課程を卒業したほどのインテリの敏腕報道記者ですから、油断してインタビューを受けていい相手ではないのですが、彼女の親しみやすさでついつい心のガードを下げて話してしまうのです。

彼女はインタビューのときの言葉の使い方も、かしこまった言葉づかいはせずに、初対面の相手でも「あら、きちゃいました〜」などとカジュアルで普段着の言葉づかいをしています。**つまり、表情と言葉が一致しているので、表情が説得力を増している**のです。

丸岡さんは必ずしも、意識的にしているわけではないかもしれません。ただ、テレビで何度も自分の表情を見ていますから、話が弾んだときの自分の表情や話し方を繰り返し見ることで、このスタイルを作り上げたのでしょう。

舛添元東京都知事の釈明会見——なぜ「逃げている！」と言われたのか

本書を書いている2016年6月、舛添要一元東京都知事の政治資金の公私混同疑惑が連日、テレビや新聞をにぎわせていました。私も記者会見があるたびに、テレビ局や新聞社から表情分析のコメントを求められました。

6月6日、舛添知事は弁護士による調査

報告書についての報告記者会見を行い「違法性はなかった」と説明しました。しかし、マスコミでは「逃げる気満々だ」という報道が数多く出ました。

舛添知事の会見の記録を読むと、言葉では明確に「逃げている」と指摘されるようなポイントはなかったように思います。「その質問はやめてください」「答えられません」などといった答弁もしていませんから、ご本人は「きちんと一つひとつ答えたのに……」などと思っているかもしれません。

しかし、私から見れば、やはり舛添知事は逃げていました。非言語に嘘が見えたからです。強い言葉になってしまいますが「彼

の会見は狡猾だった」と私はテレビでコメントしました。

舛添知事は、自他ともに認める〝頭のいい人〟ですが、それが落とし穴になりました。

彼は、自分の頭脳に自信がありますから、これまで「見た目」はあまり気にしないできたのではないでしょうか。ですから、逆に言えば「表情操作はへたくそ」です。

だから**彼の表情やしぐさに、その逃げようとしている気持ちははっきりと表れていました。**彼は机の上の資料にしがみつくようにしながら、話を進めました。資料のページを探すときもゆっくりとわざと時間をかせいでページをめくりました。

しっかり記者会見の準備をしてきたのですから、わかっている資料をゆっくり見る必要はないのです。しかし舛添知事は、長い時間資料を見るので、テレビには彼のはげ頭ばかりが映りました。

マスコミや会見を見た方々が一様に「逃げようとしている」と感じた理由はここにあります。「できるだけ顔は見せたくない」という舛添知事の気持ちがしぐさに出ていました。

舛添知事は、記者やテレビカメラと目を合わせようとしなかった、つまり**アイコンタクト**（**93ページ**）**をとろうとしなかったから「きちんと向き合っていない」「逃げ**

ている」と感じられ、非難されたのです。

これまで私はビジネスマンだけでなく首相経験者はじめ50人ほどの国会議員と地方議員のスピーチ指導をしてきましたが、もし私が舛添知事のコーチをしたなら、まず**「きちんと顔を見せること」**をアドバイスしたでしょう。シンプルなことですが、本当に大切なことです。

質問者やカメラをきちんと見て、一つひとつ丁寧に答えれば、まったく結果は違ったでしょう。「それについては調査します」と言うときにも、きちんとアイコンタクトを取れば「そうか、調査するんだな」と納得する人も多かったはずなのです。

それを舛添さんは、質問者の顔を見もせずに、自分の表情を隠して言葉だけで答えるものですから、質問者も多くの視聴者も、質問に答えてくれた感じが持てずに「逃げている」という感想を持ったのです。

言葉と表情、人はどちらを信じるか？

先ほどご紹介した丸岡さんは、「表情で勝負できる人」でしたが、舛添さんは「自分を言葉で売り込む人」です。しかし、「言葉の人」だとしても、現代は映像の時代ですから、表情も合わせて売れる人のほうが成功します。

同じ政治家で言えば、アメリカ大統領選で大旋風を巻き起こしたドナルド・トランプさんは極端な発言に注目が集まりましたが、同時に「表情の人」でもあります。たとえば、彼が言葉で「強いアメリカ」と言うときには、聴衆を見て、口を大きく開けて、ノドの奥、舌の付け根までカメラに見せてライオンが吠えているような表情を作ります。言葉と表情が一致して、「強いアメリカ」というメッセージがしっかりアピールされるのです。

つまり政治家でも「顔を意識できる人」と「顔を意識できない人」がいて、どちらが国民にモテるかといえば「表情を意識できる人」です。

日本の政治家で「顔を意識できる人」といえば、東国原元宮崎県知事です。

彼は「あ、びっくりした～」というときは、顔を思い切り拡大してとてもびっくりした顔、「こんな小さな～」というときは、顔まで小さくすぼめます。

テレビ時代の今の政治においては、こういう人が強く自分をアピールできます。**表情を見せることで、信頼される**のです。政治家が有権者に対する最大のアピールの場がテレビ中継ですから「見た目」が本当に大事になってきているのです。

嘘は一瞬、顔に表れる――瞬時の〝微表情〟から本音を見抜く

「見た目の情報（＝ビジュアル）」と「言葉の情報（＝ナラティブ）」が、別々のメッセージを発しているときには、人はどう受け止めるでしょうか。

どちらを信じるかと言えば「ビジュアル」な情報です。「嘘」という漢字には、「口」が入っているように「口（言葉）は嘘をつく」というのは一般的な通説で固定観念です。

しかし、事実は必ずしもそうではありません。**「言葉」が嘘をつくことがあるのと同じように「表情」も嘘をつきます。**

NHKの朝のテレビ番組「あさイチ」では、ある主婦の方の悩みを分析しました。

その悩みとは、「夫が呼吸をするように、自然に嘘をつくのですが……」というもの

でした。たとえば「郵便局にハガキ出してくれた？」と聞くと「出したよ～」と答えるのですが、これが嘘。でも、まったく表情に出ないのでわからないというのです。

しかし実は、嘘は表情にはっきり出ていました。私は表情分析の専門家ですから気がつきましたが、普通の人はまず気づけないようなものでした。

普通の人は、「～出してくれた？」まで自分が言い切ってから、相手の表情に注目するものです。しかし、このケースでは「郵便局に～」と主婦の方が言った瞬間に、夫の顔には「えっ」「しまった」という表情が出ていたのです。

ただし、時間にして0・03秒ほどでしたから、普通は気づけませんよね。それに表情に出るタイミングが早いので、普通の人が相手の表情に注目するタイミングでは、もうその表情は消えています。

このように**瞬間的に表れる表情は「微表情」（ミクロイクスプレション）**と言います。普通は0・2～0・5秒くらいの瞬間の表情のことを指しています。

私がマスコミなどの依頼で、他の方には見つけられなかった「本音」の表情を見つけられるのは、**普通の人が注目するのと違うタイミングで、しかも、一瞬に出る表情を見破る**ことができるからです。

ベッキーさんの本音を引き出したSMAP中居正広さんの〝コーチの視線〟

2016年5月13日に放送された『中居正広の金曜日のスマイルたちへ』では、不倫騒動で芸能活動を休業していたベッキーさんが出演しました。中居さんが見事にベッキーさんの本音と謝罪の言葉を引き出したということで、中居さんを絶賛する報道が相次ぎました。

私も、中居さんは見事だったと分析しています。それは、中居さんの言葉の使い方に加えて、視線の使い方のたくみさが理由です。この番組での中居さんは、上級編のアイコンタクトを使いこなしていました。

番組を再現してみましょう。

冒頭で中居さんは「嘘はつかないでね」と言いました。その前の会見でベッキーさんが嘘を言ったことが騒動の発端だったからです。その次に「答えたくないことは答えなくていいからね」「答えたいことだけ答えてね」「約束するね」と中居さんは言いました。

この一連のやりとりの最中、中居さんはベッキーさんと強いアイコンタクトを取っていました。ベッキーさんの目から、視線を一切外さなかったのです。

そして、ベッキーさんは中居さんの目を見て「はい約束します」と言いました。この瞬間にベッキーさんと中居さんとの間には**コーチングにおけるコーチとクライアントという契約関係ができ上がった**のです。ここが最大のポイントでした。

インタビューが進むと、中居さんはアイコンタクトを外して、ベッキーさんを自由にしました。そして途中でベッキーさんの顔が曇るところがあると「答えなくていいから」とフォローして次の話に進ませました。

最後に、中居さんはソフトで優しいアイコンタクトで「見てくれている人たちに、ベッキーはなんて言いたいのかな～」と言いました。そして、ベッキーさんから「皆さまにご迷惑をおかけしました。あの男性とはもう何の関係もありませんので、仕事

に集中します」と素直な謝罪の言葉を引き出したのです。

中居さんが、こうしたすばらしいコーチングを見せたのは、ＳＭＡＰ解散騒動のときに学んだことがあったからでしょう。

空中分解の危機にあったＳＭＡＰは、１月18日、メンバー全員で『ＳＭＡＰ×ＳＭＡＰ』（フジテレビ系）に出演しました。

これまでのＳＭＡＰならば、リーダーの中居さんがセンターに立って仕切るところですが、このときは、センターに木村拓哉さんが立ちました。

おそらく中居さんには不満があったのでしょう。彼は、カメラを見ずに、ずっと地面を見ていたのですが、この姿はファンやマスコミには評判がよくありませんでした。ですから、ベッキーさんへのインタビューは中居さんにとっては汚名挽回の大チャンスだったのですが、中居さんはそれを見事に成し遂げました。

ベッキーさんへのインタビューで中居さんが使った視線のテクニックは3つあります。

1　強いアイコンタクトで、相手に誓約を求め、主従関係を確立する

2　アイコンタクトを外して、相手をプレッシャーから開放する

3　おだやかなアイコンタクトで、行動をうながす

この3つを使い分けたのは、上級テクニックです。優れたコーチングをするには、言葉だけでなく、視線や表情を使いこなす必要があるのです。

浅田真央さんに学ぶ「一流アスリートの表情統制力」

2014年ソチオリンピック後に自民党元首相の森喜朗さんが、浅田真央さんについて「あの子は大事なときには必ず転ぶ」と発言し波紋を呼びました。

多くの人が森さんを激しく非難する中で、浅田さんも「ひどいことを言いますね」などと口を尖らせて、文句を言ってもおかしくはありませんでした。

しかし、帰国して記者会見をした浅田さんは穏やかな笑顔で「森さんも少しは後悔しているのではないかと思います」と話し、周囲の笑いを誘いました。

浅田さんのほほえみは、大人の気品を感じさせました。これは私たちが見習うべき「大人の見た目」です。

舛添元知事やトランプさんについては、表情をきちんと見せることの大切さをお話しましたが、日常の特に仕事の場では、**いちいち感情を表情に出しているようでは、ビジネスパーソンとしては失格**です。

特に、議論するような場面や、相手に抗

議したり、部下をしかったりする場合には、絶対に怒りを表情に出してはいけません。コミュニケーションが激しく対立するものであるほど、表情をコントロールする必要があるのです。

さらに大切なことは、**表情統制をすることで、気持ちをコントロールすることができる**ということです。

「幸せだから笑うのではない。笑うから幸せなのだ」

これはフランスの哲学者アランの言葉ですが、自分の「見た目」をコントロールすれば、自分の気持ちを変えることもできるのです。

スポーツ選手は勝負の世界で生きていま

すから、気持ちが不安定では勝てません。浅田さんも、表情を統制し、気持ちをコントロールすることに取り組んできたのでしょう。だからこそ、浅田さんは、私たちに気品を感じさせてくれるのです。

そんな浅田さんが思わず涙を見せたことがありました。印象的だったのは２０１０年のバンクーバーオリンピックで銀メダルを獲得したフリー演技終了後のインタビューです。

リンクの上で涙を流した浅田さんでしたが、インタビュールームには落ち着いた様子で現れました。そして、軽い笑顔のような表情でインタビューに答え始めたのですが、突然、目から涙がスーと流れて、その後で下まぶたの筋肉がもりあがって涙顔になりました。

表情統制をしているのに、思わず流れてしまった涙だからこそ「本当の涙」なのだと見ている人の心を打ちました。テレビを見ていた多くの人がもらい泣きしたほどです。

これと正反対なのが、名前は挙げませんが、ある女性政治家の泣き顔です。記者会見で、くしゃくしゃの泣き顔を作り「悔しいですね～」などと言ってみせましたが、涙は流れません。

テレビを見ていた人の中には、共感された人もいたようですが、表情分析の専門家の立場から言わせていただけば、完全な嘘泣きでした。わざと作った泣き顔が、多くの人の心を打つことはありません。

演説の天才・ヒトラーに迫る松平健さんと小泉進次郎さん

歴史上の人物で、たくみな非言語コミュニケーションで成功した人物は数多くいますが、ドイツのヒトラーもその一人でしょう。

ヒトラーのある演説の記録映像を見ると、彼は演台に立って3分間、ひとことも言葉を発していませんでした。現代のテレビのニュースなら、この部分はカットされるでしょうし、新聞なら、そもそも記事にはならない時間です。

その3分の間、ヒトラーは会場を見渡して、聴衆とアイコンタクトをしています。そして、会場を一通り見渡してから、「ドイツの優秀な青年諸君」と話を切り出します。

この無言の3分の間に、聴衆はどんな体験をしたのでしょうか。それは「私はヒトラーと目が合った」「ヒトラーが私を見てくれた」と思ったのです。**「見つめられた」と思ったときに、もうそこで主従関係ができあがっています**。

これは先ほどご紹介した、ベッキーさんと中居さんの一対一の場面で起きたことと同じことです。ヒトラーの場合は、大きな会場ですから、一人ひとりと目を合わせてなどいないのですが、大勢の聴衆一人ひとりにそう思わせるだけの非言語コミュニケーションをとったのです。

時代はまったく違いますが、現代の日本人でこのアイコンタクトによる非言語コミュニケーションがうまい人を２人ご紹介しましょう。

ひとりはマツケンサンバで大人気となった俳優の松平健さん。もうひとりは小泉元首相の息子で、衆議院議員の小泉進次郎さんです。

松平健さんの舞台は、中高年の女性に大人気です。その人気の秘密を探ろうとあるテレビ番組でファンにインタビューをして

いたのですが、そのとき、ファンの女性が答えたのが「だって、私を見てくれるんだもの」でした。この場合もヒトラーの場合と同じで、ステージ上からですから、本当は一人ひとりを見ているはずはありません。

一方、小泉進次郎さんは大人気の若手議員で、神奈川県の選挙区で駅前の街頭演説をすると大きな人だかりができます。

あるテレビ番組で、街頭演説の聴衆にインタビューをしていたのですが、そこである女性が答えたのが「だって私を見て話してくれるもの」という言葉でした。

歌謡ショーの舞台を見ている人と、選挙

演説を聞いている人がまったく同じ「私を見てくれた」という言葉を言ったのがおもしろいところです。

専門的な言葉でいうとラポール（信頼関係・180ページ）を作るための最初のステップが「見つめる」ことです。

昔から、選挙に勝つには「ドブ板を踏め」というような言葉がありますが、私に言わせれば、ドブ板を踏んだ、つまり「来てくれた」だけではダメです。

大切なのは「視線を合わせること」です。「私を見てくれた」と思わせられるかどうかが、勝負を決めるのです。

「目は口ほどにものを言う」は日本の古いことわざです。でも、こと私の事件簿で見るかぎり「目と顔は口よりも正確にものを言う」が現代版の人の心のつかみ方の鍵と言えます。それは、人生の充実と仕事の成功の鍵でもあります。上手に使ってみましょう。

できる！　好かれる!!

「見た目」と「話し方」

あなたの非言語表現力チェックシート

日頃のあなたを思い出して、
次の12問にyesまたはnoで答えてください。
中間の場合はどちらにより強く当てはまるかで
回答してください。

第1分野

周辺言語

	yes	no
❶その場で充分な声量で話していますか？	□	□
❷言葉の発音は明瞭ですか？	□	□
❸わかりやすいテンポ（速度）で話していますか？	□	□

第2分野

表情

	yes	no
❶話題に合わせた表情変化ができていますか？	□	□
❷親しみやすい笑顔ができていますか？	□	□
❸充分なアイコンタクトが保てていますか？（よく見て話し、よく見て聞く）	□	□

第3分野

身体表現

	yes	no
❶美しい立ち姿勢ができていますか？	□	□
❷元気な歩き方ができていますか？（男性で歩幅60㎝、女性で55㎝以上）	□	□
❸話の内容に合わせたジェスチャーができていますか？	□	□

第4分野

対人距離

	yes	no
❶初対面の人には1m前後の距離を保って最初の挨拶ができていますか？	□	□
❷相手との親密関係の度合いによって立つ位置を変えていますか？	□	□
❸会議やパーティで座席や立ち位置に気をつけていますか？	□	□

アドバイスへ

あなたの非言語表現パーツ別イメージ

yes の数の合計が

▶第１分野で１個以下だった人は、あなたの話が相手に聞こえなくて相手をいら立たせていますから、173 ページを参考にしてボイストレーニングをしましょう。

▶第２分野で１個以下だった人は、「無表情」で冷たいと思われたり、自信がないと思われるので要注意です。本書をすべて読み直して表情トレーニングに励みましょう。

▶第３分野で１個以下だった人は、姿勢や動作が悪いので、近寄って顔を見られる前に損をしています。第１部と第３部を読み直しましょう。そして、自分の姿勢と動作を鏡に映してトレーニングしましょう。

▶第４分野で１個以下だった人は、知らずに相手に嫌われたり、せっかく対面できても、次のチャンスにつながらずに損をしています。第１部を読み直して、無意識に近寄りすぎないように、会議室では会場内に入ったらすぐに自分に有利な立ち位置を考えましょう。

あなたの非言語表現全体イメージ

4分野のyesの合計が

◎ 9個以上

あなたは自分を見せる能力に優れています。会話がうまくころがるタイプです。
その調子で、ときどき本書を読み直しながらゴーゴー！

○ 5〜8個

見せ方・話し方は日本人として平均レベルです。でも、もしもあなたが今より成功したい、人に好かれたいと思うならば、自分の弱い分野を意識しながら本書で練習しましょう。あなたが「普通」を脱出するチャンスです。

× 4個以下

せっかく話の内容を考えて練習しても、あなたは初対面の瞬間から相手に嫌われたりデキない人と思われています。本書を最初から最後までもう１度読んで、すべてのコツを練習してみてください。知らず知らずのうちに嫌われているなんて、人生で損しています。

本書のまとめ

各部のできる人・好かれる人になるためのポイントをおさらい

第1部 30m→5m編

姿勢やしぐさは、
30m先からあなたの印象を決定づけます。
まだ表情が見えないからといって油断は禁物。
歩くときは背筋を伸ばし、大股で
話すときは目線や手のひらの動作を意識して
元気をアピールしましょう！

第2部 5m→50cm編

顔つきや表情が読み取られる距離となったら
笑顔を絶やさずにいましょう。

「あなたといるとハッピーな気持ちになる！」

と相手に思ってもらうのです。

ただ、相手が浮かない表情のときだけは控えめに……。

第3部 コミュニケーション編

相手と対面して会話をするときは
声の掛け方や話し方があなたの印象を大いに左右します。
あなたが話したいことを話すよりは
相手が話したいことを満足いくまで話させることが大切です。
聞き上手になることがはじめの一歩です。

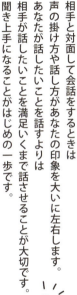

おわりに

1979年、ニューヨーク大学大学院にパフォーマンス学の講座が新設されました。それを知った私は「シャイな日本人に、絶対に必要なスキルだ」と意気込んで、第一期生になるべくアメリカに渡りました。そして、アッと言う間に36年たちました。36年間で自己表現のコンサルティングや研修をする相手も大学生からビジネスパーソン、元首相や経済界トップまで驚くくらい広い層になりました。

私は毎日「ATTで今日も行こう!」と自分に声をかけて、鏡の前でニッコリして一日を始めます。そうすると「私の笑顔も、なかなかいいじゃない!」と前向きな気分になって、元気に一日が始められます。

不思議と効果的な「ATT」のオマジナイ。この言葉の意味は「明るく、楽しく、ためになる」です。パフォーマンス学を学ぶ、私の仲間や社会人セミナーの生徒さんたちのモットーでもあります。

第一期生として日本にパフォーマンス学を持ちこんだ私が、もともと明るい性格だったかというと、とんでもなく逆なのです。

小学校低学年の頃、私は体が弱く、学校を休んでばかりいました。当然成績はあがらず、数学も、理科も、社会も5段階評価の下から2番目。そして、体育は最下位の「1」でした。おまけに身長もクラスで3番目に小さくて、性格はシャイで引っ込み思案……。私は学校に行くのが本当にイヤでした。

小学4年生になったある日、担任の市川先生が黒板にこう書きました。

「何か一個でよい。人にない力を持て」

子供ながら、この言葉には絶望しました。私には「人にない力」などないと思ったからです。下を向いて涙ぐんでいる私に、市川先生はこう言いました。

「アヤコ、にこにこと明るい顔で、人に好かれるのも力なんだぞ」

これにはビックリ。そして心の中に明るい光が差し込んだようで、なんだかほっとしました。

「勉強や体育でがんばるのは無理。でも明るい顔ならなんとかなるかもしれない！」

思えば、この市川先生の言葉が、その20年後の自分の専門分野を決めたのかもしれません。

「顔つき」「しぐさ」「アイコンタクト」「声」――これは、誰でも持っている言葉以外の表現媒体です。ですから、これらは「非言語（ノンバーバル）表現」とも呼ばれます。

人は、言葉で話していないときでも、非言語で常に何かを発信しています。しかも、時には言葉以上に雄弁に、です。

人間は社会的動物ですから、人と関わることなしには何もできません。どんなに実力があっても、非言語表現がネガティブなために、人に好かれなければ、実力を発揮することもできないのです。

本書では、「非言語表現の魅力」と「実際の使い方」をなるべくわかりやすくお伝えしました。お役に立てたらうれしいです。「見た目」も「話し方」も、ずっとあなたと一緒にいる大切な親友であり、財産ですから。

佐藤綾子

できる大人の「見た目」と「話し方」

発行日　2016年　7月　15日　第1刷

Author　佐藤綾子

Book Designer　[装丁]小口翔平＋三森健太(tobufune)
[本文・DTP・マンガ]株式会社アスラン編集スタジオ(伊延あづさ・吉村雪)

Publication　株式会社ディスカヴァー・トゥエンティワン
〒102-0093　東京都千代田区平河町2-16-1 平河町森タワー11F
TEL　03-3237-8321(代表)
FAX　03-3237-8323
http://www.d21.co.jp

Publisher　干場弓子
Editor　原典宏
編集協力:株式会社アスラン編集スタジオ(渡辺稔大・清友真紀)

Marketing Group Staff　小田孝文　中澤泰宏　吉澤道子　井筒浩　小関勝則　千葉潤子　飯田智樹　佐藤昌幸　谷口奈緒美　山中麻吏　西川なつか　古矢薫　原大士　郭迪　松原史与志　中村郁子　蛯原昇　安永智洋　鍋田匠伴　榊原僚　佐竹祐哉　廣内悠理　伊東佑真　梅本翔太　奥田千晶　田中姫菜　橋本莉奈　川島理　倉田華　牧野類　渡辺基志　庄司知世　谷中卓

Assistant Staff　俵敬子　町田加奈子　丸山香織　小林里美　井澤徳子　藤井多穂子　藤井かおり　葛目美枝子　伊藤香　常徳すみ　イエン・サムハマ　鈴木洋子　松下史　永井明日佳　片桐麻季　板野千広　阿部純子　岩上幸子

Operation Group Staff　松尾幸政　田中亜紀　福永友紀　杉田彰子　安達情未

Productive Group Staff　藤田浩芳　千葉正幸　林秀樹　三谷祐一　石橋和佳　大山聡子　大竹朝子　堀部直人　井上慎平　林拓馬　塔下太朗　松石悠　木下智尋　鄧佩妍　李瑋玲

Proofreader　文字工房燦光
Printing　大日本印刷株式会社

ISBN978-4-7993-1921-5